Z. 1037.
A.3.

15577

LETTRES
D'UN
ROMAIN.

Avec un
APPENDIX
DE L'EDITEUR
Au sujet d'une Lettre d'un Savant
d'Angleterre.

LETTRES
D'UN ROMAIN
A M. DE VILLEFROY

Abbé de Blasimont, ancien Professeur en Hébreu au College Royal, &c. &c. &c.

EN RÉPONSE

Aux OBSERVATIONS de

M. L. E. RONDET

Sur l'Ouvrage du R. P. FABRICY Dominicain, Docteur en Théologie & Théologien de Casanate, touchant les TITRES PRIMITIFS DE LA REVELATION.

AVEC UN
APPENDIX DE L'EDITEUR

Au sujet d'une Lettre d'un Savant d'Angleterre.

A ROME, MDCCLXXIV.
Chez Pierre Durand, Libraire François ; à Paris chez Veuve ...., rue du Foin ; ....
....

AVEC PERMISSION DES SUPERIEURS.

PREMIERE LETTRE.

Monsieur,

OMME vrai estimateur des productions littéraires, de celles sur-tout qui concernent la Critique Sacrée, permettez que j'en appelle à votre tribunal, pour apprécier à sa juste valeur les *Observations de M. L. E. Rondet, sur l'Ouvrage du R. P. Fabricy Dominicain, touchant les Titres Primitifs de la Révélation*, insérées dans le *Journal Ecclésiastique de M. l'Abbé Dinouart, mois de Juillet, art. I. & d'Août, art. X. année 1773.*, édit. de Paris.

Les rares & vastes connoissances que vous avez acquises, Monsieur, dans les Langues savantes par une étude profonde & réfléchie de plus de soixante années; la célebrité de votre nom dans toute l'Europe; vos beaux travaux sur l'Ecriture Sainte, auxquels le Public éclairé ne cesse d'applaudir; les excellents Eleves que vous avez formés, & qui ont si bien saisi dans leurs *Principes discutés*, les profondeurs du génie de la Langue des anciens Hébreux; tout cela vous donne des droits assurés pour prononcer sur une matiere que peu de Savants sont en état de mieux connoître que vous-même. Pouvois-je mieux faire que de vous donner, Monsieur, un témoignage public de ma profonde vénération, en déférant au jugement d'un si habile Maître, dans un sujet que l'esprit de système s'efforce d'obscurcir par les nuages qu'il ne cesse d'y répandre depuis plus d'un siécle, mais qui ne peuvent résister aux traits lumineux d'une saine critique ?

Vous avez lû, Monsieur, l'Ouvrage du P. Fabricy : vos Journaux de France, ceux, entre autres, d'Italie, tels que nos Ephémérides Littéraires de Rome, les Journaux de Pise & de Modene, l'ont déjà fait connoître abondamment, & l'ont même célebré comme à l'envi. Il seroit donc assez inutile de vous tracer ici quel est le plan de cet intéressant Ouvrage que l'Auteur oppose aux Incrédules & aux faux Critiques, pour venger de leurs insultes l'Authenticité, la Vérité, ainsi que l'Intégrité du Texte primitif des Ecrits Sacrés de l'Ancien Testament.

Peu de matieres ont offert un champ plus vaste à parcourir, que le sujet important dont le P. Fabricy s'occupe, dans les deux Volumes de son Ouvrage, de gros format in-8. d'environ 1200. pages. Tout ce qui tient à la Littérature sacrée, s'y trouve présenté sous différents points de vûe, mais de maniere que l'Auteur les ramene toujours à sa fin principale. Je ne vous dirai rien non plus, Monsieur, de la méthode de l'Auteur, ni de cette foule de preuves, qu'il fait entrer dans son Livre. Il vous aura été facile de sentir s'il a rempli sa tâche aussi dignement que l'exigeoient la grandeur & l'importance du sujet.

Rien n'est plus flatteur que le bel éloge que M. Rondet donne à l'Auteur, au commencement même de ses *Observations*. Il l'appelle un très-savant homme & bien capable de nous donner une nouvelle Edition de la Bible Hébraïque. Assurément le P. Fabricy aura été sensible à ce trait de politesse de M. Rondet, mais je ne crois point que l'Auteur s'en laisse éblouir jusqu'au point de se méconnoître. Et il étoit hors de propos de lui inculquer en même-tems, qu'il n'est point infaillible. Ami de la justice & de la vérité, le P. Fabricy ne se réfusera jamais à une critique honnête, modeste, sage & utile. Bien-loin de se croire incapable de se tromper, il sentira qu'il est homme ; que l'erreur est un apanage de l'humanité. —— *Hoc unum scit se nihil scire.*

Ne vous attendez pas, Monsieur, à trouver dans les *Observations* de M. Rondet, une analyse de l'Ouvrage de l'Auteur, encore moins à y voir annoncer quel étoit le grand but que le P. Fabricy se proposoit d'y remplir. Toutes les remarques du Censeur ne se réduisent qu'à cinq ou six endroits de deux Notes du II. Tome, pag. 343.—346. 397. suiv. 404.—406. 412.—418, dans lesquelles l'Auteur discute quelques points de la Chronologie des deux premiers âges, & quelques diversités de leçons du Texte Hébreu, que le docte P. Houbigant avoit rapportées dans sa belle Edition de la Bible Hébraïque. En lisant ces Observations de M. Rondet, l'on diroit que sa critique a eu de tout autres vûes que la recherche & l'amour de la vérité. Car enfin puisqu'il avoit tant fait que de dresser au sujet du Livre de l'Auteur, deux articles assez étendus, dans un Journal destiné au progrès des Sciences Ecclésiastiques, tel qu'est celui de M. l'Abbé Dinouart ; n'étoit-il pas naturel de s'attendre que l'on y feroit connoître du-moins en gros, un Ouvrage consacré à la défense de ce que la Religion a de plus sacré ?

Cet Ouvrage présente mille objets intéressants de la Littérature sacrée, sur lesquels M. Rondet garde un profond silence. Il les néglige entiérement pour ne s'occuper que de détails minutieux & presque de nul intérêt. Il relève avec complaisance une ou deux inadvertances assez légeres & autant de citations peu exactes : il n'épargne pas des fautes d'Impression. En un mot, il n'attaque pas même le fond des Considérations critiques de l'Auteur sur l'Intégrité & la Pureté du Texte primitif des Ecrits Sacrés de l'Ancien Testament.

L'Ouvrage des *Titres Primitifs de la Révélation* réunit continuellement deux desseins qui concourent l'un & l'autre à mettre les Ecrits Sacrés de l'Ancien Testament à l'abri des attaques de l'Impiété & d'une critique hardie & téméraire. L'Auteur y établit ses sentimens, & y combat les sentimens opposés.

L'Intégrité des Livres Saints se trouvant attaquée par deux sortes d'ennemis également à craindre, je veux dire les prétendus Philosophes du siécle & les faux Critiques ; en s'élevant avec force contre les premiers, l'Auteur n'épargne

pas les seconds. On sent par-là qu'il ne pouvoit se dispenser de discuter jusqu'à un certain point, les différentes hypothéses des Littérateurs, relatives à sa matiere. Cette discussion entroit essentiellement dans le plan de l'Auteur. " Comme
" l'Incrédulité, dit-il dans sa préface, pag. 198., se couvre
" du manteau de la critique, pour détruire l'autorité & la
" vérité des Oracles de l'Ancien Testament ; & qu'elle ose
" s'autoriser des systêmes de nos plus habiles Littérateurs
" touchant l'état actuel d'Intégrité & de Pureté de notre
" Texte primitif Hébreu ; nous avons cru devoir ramener
" toutes nos Considérations à un objet d'une si grande im-
" portance ". Mais telle a toujours été la marche de l'Auteur que sauf les égards & les ménagemens dûs aux Savans dont il combat les oppinions, il s'est crû obligé de tout sacrifier à la seule & unique vérité.

Un Auteur a beau s'élever contre un systême inconsistant dans tous ses points ; il a beau en exposer au plus grand jour toutes les inconséquences, ainsi que les écarts auxquels il conduit ; malheureusement ce même systême trouvera une foule de défenseurs. C'est qu'il flattera de vieux préjugés desquels on ne veut point se défaire. Une fois qu'on s'est laissé prévenir par la réputation de tel ou tel Ecrivain, il arrive souvent que l'on en admire même jusqu'aux défauts ; & il est rare que l'on aime à se voir dessiller les yeux sur des erreurs qu'on chérit. La lumiere devient odieuse, parce qu'elle montre le faux, le ridicule même du préjugé.

Ne seroit-ce pas là précisément le cas où s'est trouvé M. Rondet, avant qu'il eût vû l'Ouvrage du P. Fabricy touchant les *Titres Primitifs de la Révélation* ? Vous connoitrez, Monsieur, l'état des choses ; vous pourrez juger.

Dans la *Sainte Bible en Latin & en François*, imprimée à Avignon chez Merande, en 1767. — 1773. XVI. Voll. in-4. & dont le XVII. est sous presse, M. Rondet qui en est l'Editeur, avoit embrassé des opinions entiérement conformes aux hypothéses du R. P. Houbigant, sur l'état présent de nos Ecritures Hébraïques. Il déclare lui-même dans sa Préface (1), que son Edition offre un assez grand nombre de

___
(1) *Tom. I. pag. VIII. Voyez aussi la Préface sur le Pentateuque, Ibid. pag. 271.*

Notes. " Ce font, dit-il, principalement celles que nous " avons eu occasion de faire en lisant le savant Ouvrage du " R. P. Houbigant de la Congrégation de l'Oratoire ".

L'Ouvrage du P. Fabricy a paru dans le temps même que cette Édition de la Bible étoit fort avancée. M. Rondet l'a lû, cet Ouvrage de l'Auteur, du moins en partie : il y aura remarqué sur ce qui concerne l'Intégrité du Texte primitif des Livres Saints de l'Ancien Testament, bien des vûes absolument contraires aux idées qu'il s'en étoit formées d'après celles du docte Oratorien. A quoi se déterminer dans de pareilles circonstances ? Falloit-il renoncer à de vieilles erreurs ; rétracter des opinions qu'un grand nom dans la République des Lettres rendoit comme respectables ; réformer de nouveau des Notes par quelques additions ou supplements à l'intéressante compilation dont il s'est chargé ? Ce parti eût été cependant très-sage. Rien ne fait plus d'honneur à un Ecrivain que de reconnoître ses méprises : & qui est l'Auteur qui en soit entiérement exempt ? Plus il avoue ses fautes, plus aussi mérite-t-il l'indulgence, comme la reconnoissance du Public. La bonne foi excuse une faute ; l'entêtement l'aggrave. Mais peut-être qu'il est dur d'en venir à ces sortes de rétractations qui ne flattent pas trop l'amour propre d'un Ecrivain fortement prévenu pour des hypothéses. Que diroit d'ailleurs le Public d'un Auteur qui changeroit deux ou trois fois de sentiment sur la même matiere ? Du-moins eût-il été plus prudent de se taire. M. Rondet ne pouvoit ignorer que l'Auteur des *Titres Primitifs* avoit même affecté de garder un profond silence sur l'objet de ces Notes de la Sainte Bible, quoiqu'il eût cité avec éloges quelques Dissertations répandues dans ce grand Corps d'Ouvrage.

Content d'avoir posé des principes dont la vérité est incontestable, & d'en avoir fait l'application à l'état où se trouve présentement le Texte primitif Hébreu ; le P. Fabricy avoit suffisamment combattu des systêmes sans consistance, des opinions hazardées & même erronées, éparses dans une foule de Livres anciens & modernes, pour ne plus penser à s'engager dans une dispute littéraire, au fond, de nul intérêt.

En lisant, Monsieur, ce que le P. Fabricy a dit à la

fin de fon fecond Volume au fujet des *Remarques de M. Rondet fur les trois Bibles*, fçavoir la premiere donnée, par le R. P. Houbigant à Paris en 1753.; *la feconde que M. Kennicott prépare en Angleterre*; *la troifieme* (prétendue) projetée en Italie par le R. P. Fabricy; en faifant auffi attention à la maniere honorable dont il a parlé, dans ce même endroit, des Ouvrages de ce laborieux Ecrivain; vous vous ferez apperçu de plus que l'Auteur étoit bien éloigné d'élever jamais la moindre querelle qui pût donner quelque atteinte à la célébrité des travaux littéraires du Critique.

M. Rondet a cru devoir tenir une conduite toute oppofée. Malgré les louanges qu'il a données à l'Auteur, il l'a attaqué d'une maniere un peu vive. Il fe fera fans doute imaginé que l'honneur de fa nouvelle Edition de la Sainte Bible, étoit en quelque façon intéreffé dans cette efpece d'attaque. En effet, vous reconnoîtrez aifément, Monfieur, que grand nombre de Notes qui accompagnent cette Edition de la Bible, ne font pas fort compatibles avec les principes de notre Auteur. Je fuis même convaincu que les vrais Connoiffeurs fentiront que M. Rondet eût fait très-fagement de ne pas réformer dans fa nouvelle Edition, bien des endroits qui étoient déjà dans celle de Paris, par-là infiniment plus eftimable que la feconde où plufieurs de ces réformes ne font rien moins qu'inftructives, & n'annoncent guere un Savant parfaitement inftruit des matieres qu'il traite. Ne croyez pas non plus trouver dans fes *Obfervations fur les Titres primitifs &c.* un fond de principes folides & de raifonnements lumineux. A mon avis, il n'y a rien de tout cela. Ce ne font que des remarques toutes ifolées, lefquelles détachées de l'Ouvrage du P. Fabricy peuvent tout-au-plus en impofer à un Lecteur inattentif ou prévenu, & qui n'a point lû fes *Confidérations Critiques fur l'Intégrité du Texte Hébreu*. Auffi ces mêmes remarques m'ont-elles paru peu méditées & peu dignes de la réputation de fon Auteur. Vous allez, Monfieur, en juger vous même. Mais avant d'entrer dans un certain détail, il eft néceffaire de vous mettre fous les yeux deux de ces remarques de M. Rondet; on doit les regarder comme un préambule à fa critique.

M. Rondet obferve donc en premier lieu, que l'objet principal de l'Ouvrage du P. Fabricy a fes difficultés, & lui reproche d'être trop sévère dans sa critique, en réduisant à un très-petit nombre les fautes du Texte Hébreu, & en ne voulant pas reconnoître dans ce même Texte, celles qui y sont.

Pour colorer ce reproche, M. Rondet se met à examiner quelques-uns des passages de l'Ecriture, que l'Auteur avoit discutés amplement dans son Ouvrage : discussion à laquelle nous serons forcés de revenir à notre tour.

Une chose qui au premier coup d'œil vous frappera, Monsieur, par sa singularité, dans la critique de M. Rondet, c'est qu'en second lieu il oppose au P. Fabricy un principe, comme si l'Auteur l'eût entiérement méconnu, lui qui l'avoit rappellé cent fois dans ses *Titres Primitifs*. Pouvoit-il même trop ramener son Lecteur à un point de doctrine, qui sert, pour ainsi dire, de base & de fondement sur lesquels porte tout l'édifice de son Ouvrage ? " Une critique sage & judi-
" cieuse, s'écrie M. Rondet, croit qu'il est plus prudent de
" se borner à dire que, quelque nombreuses qu'elles soient
" (les fautes du Texte Hébreu), le point essentiel est qu'
" elles ne blessent ni la foi, ni les mœurs ",

Tel étoit en effet le grand principe de l'Auteur. En vérité je serois tenté de comparer ce début de M. Rondet à ces feuilles d'un Ouvrage qui, comme les songes d'un malade, ne fait voir que des phantômes vains (1). Admirez seulement, Monsieur, comment par cette maxime M. Rondet confirme en peu de mots tout ce que l'Auteur a perpétuellement inculqué dans tout son Livre. l'Auteur n'a-t-il pas dit même dans sa Préface (2) ? " Nous nous servons souvent du terme d'*Essentiel*,
" en parlant de l'Intégrité & de la Pureté du Texte primitif
" Hébreu ; parce que les diversités de leçons, qu'on pour-
" roit puiser, soit dans les Manuscrits Hébreux, ou dans les
" anciennes Versions, soit dans les Ecrits des Juifs, ou dans
" nos Bibles imprimées, se réduisent à un petit nombre,
" lorsqu'on les apprécie suivant les régles d'une sévere cri-
" tique. Comme ces Variantes ne tiennent ni à la foi, ni aux
" mœurs, ni à la suite de l'Histoire Sacrée, nous concluons
" avec fondement que la Vérité Hébraïque est essentiellement
" pure & intégre en quelque Edition qu'on la prenne ".

(1) *Horatius, Art. Poet. v. 6. seq.* (2) *Part. II. pag. 211. seqr.*

En faisant mention (1) d'une Bible Hébraïque, imprimée à Mantoue en 1742. — 1744. en 2.Voll. de gros format in-4. avec un Commentaire sous le Titre de מנחת שי *Minkhath schai*, *Oblatio muneris*, que nous devons au Juif Jedidia Schelomo Minorzi ou de Norcia, le P. Fabricy n'a-t-il pas dit que jamais Edition n'avoit renfermé plus de Variantes que cette même Bible ? N'a-t-il pas ajouté que ce Commentaire d'Jedidia Schelomo étoit un nouvel argument invincible de l'Intégrité essentielle du Texte ? L'Auteur enfin n'a-t-il pas dit qu'à quelque Edition de la Bible Hébraïque, à quelque Manuscrit Hébreu, que l'on recoure pour juger de l'état présent de notre Texte commun, on le trouvera essentiellement pur & intégre (2) ?

Je crains fort, Monsieur, que les termes de *Critique sévere* n'ayent effarouché M.Ronder. Mais peut-on employer une vraie critique, sans peser à la rigueur, avec un jugement des plus rassis, & d'une maniere même sévere, tout ce qui en fait l'objet à l'occasion de tel ou tel passage, sur l'intelligence duquel les Littérateurs ou les Interprétes sont divisés de sentimens ? Je ne saurois assez vous rappeller, Monsieur, ce que l'Auteur dit à la fin de sa Préface, pag. 219. suiv. —— " Dans ces sortes de matieres qui intéressent de si près " les Titres primitifs de la Religion sainte, le moindre faux " pas n'est jamais sans conséquence ".

La marche de la critique n'est point une routine : ses principes généraux sont aussi vrais, aussi invariables que ceux des Sciences les plus certaines ; mais ils deviendront stériles pour tout Ecrivain qui ne les maniera point adroitement. Une critique judicieuse & sage fait douter à-propos : elle ne précipite rien : elle s'arrête où il faut : elle pese, elle combine, enfin elle décide. Toujours exacte, toujours impartiale, elle est continuellement en garde contre les écueils, & s'en tient à l'autorité, sur-tout dans des matieres étroitement liées à l'authenticité & à l'intégrité des Titres primordiaux de notre Culte. La vraie critique, dit un grand Ecrivain, est le dernier effort de la réflexion & du jugement.

---

(1) *Ibid.*pag. 209 *suiv.*N. (2) *Remarques détachées sur les Variantes en général &c.*§.*XXIX.*Voy.aussi ce que l'Auteur a dit touchant l'état actuel de ce même Texte, *Tom.I.*pag.249. 259. *Not. & ailleurs.*

M. Rondet a-t-il rempli les devoirs d'un Critique sage & judicieux, dans ses *Observations* sur l'Ouvrage dont il s'agit ? C'est ce que nous allons examiner avec toute l'impartialité qu'on a droit d'exiger de nous. Remarquez auparavant, Monsieur, que si le Censeur eût lû avec la moindre attention la seule Préface du P. Fabricy, s'il n'eût point perdu de vûe ce que l'Auteur établit sur-tout dans ses *Remarques détachées sur les Variantes en général ; & sur les choix qu'on peut en faire dans les Manuscrits Hébreux & dans les anciennes Versions*; il auroit été plus équitable ; il seroit convenu de la justesse de ces Régles & de l'application qu'en fait le P. Fabricy dans le cours de ses *Considérations critiques* : Régles qui sont les seules propres à venger efficacement les Livres Saints des vains sophismes des Impies & de la hardiesse des faux Critiques.

Puisque les *Observations* de M. Rondet roulent toutes sur quelques diversités de leçons, suivons-le dans ses remarques, sans nous astreindre à l'ordre qu'il y a mis. Nous nous attacherons d'abord aux Variantes concernant la Chronologie des premiers tems : de-là nous passerons à l'examen des difficultés qu'il oppose à l'Auteur au sujet de trois autres passages de l'Ecriture, qui font l'objet de sa critique.

I. " Les Variantes, dit M. Rondet, répandent des nua-
" ges sur la suite de l'Histoire Sacrée. Les seules Variantes
" de la Chronologie des premiers âges, poursuit-il, suffi-
" sent pour montrer que la suite de l'Histoire Sacrée n'est
" pas demeurée sans atteinte."

S'énoncer de la sorte, c'est mal s'exprimer : la saine Théologie reprouve un tel langage. Quoi ! De ce que le simple calcul des années qu'ont vécu les Patriarches, avant & après le Déluge, & dont parle Moyse (Génese X. XI.), ne seroit point uniforme dans les divers Exemplaires du Pentateuque ; & qu'il s'y trouveroit même altéré & corrompu dans le Texte Grec des LXX. Interprétes, ou dans l'Original Hébreu des Juifs, ou dans celui des Samaritains, enfin dans notre Vulgate-Latine, ou dans toute autre Version Grecque & Orientale ; s'ensuivroit-il que le tissu historique, qui renferme ce calcul, seroit également altéré & corrompu ? C'en est donc fait de l'Authenticité, de l'Intégrité, je dis même de la Vérité des deux Chapitres de la Génese, qui nous donnent cette Chronologie des premiers tems. Est-ce que M. Rondet auroit voulu armer les Incrédules & les faux Critiques contre nos Livres Saints? Je ne le crois point. Il est trop sage; il a donné trop de preuves de son attachement à ces Titres Primitifs de la Révélation, pour lui attribuer un dessein si insensé. Disons-le, & que M. Rondet y fasse attention: les Exemplaires Grecs, Hébreux & Samaritains peuvent varier & varient en effet à légard du nombre des années, sans que la suite historique des Patriarches & leur généalogie en reçoivent la moindre atteinte. Ce sont-là deux idées absolument différentes, qu'il ne falloit pas confondre, parce qu'elles donnent lieu à des conséquences pernicieuses. M. Rondet n'a pu ignorer que la diversité dans les nombres ne touche point à la substance de l'Histoire: il convient lui-même un peu plus bas, que ni la foi, ni les mœurs ne sauroient souffrir de ces sortes de fautes. C'est donc se contredire grossiérement que d'admettre deux propositions aussi disparates que celles dont il vient de partir en commençant sa critique contre l'Ouvrage de l'Auteur. Quand les Préliminaires sont si mal assortis, que ne doit-on pas craindre pour les suites?

II. " Une critique sage & judicieuse, dit M. Rondet, ne " rejettera aucune des trois Chronologies, ni le Cainan qui " se trouve dans les Septante & dans l'Evangile de S. Luc ".

C'est ici que le Critique croit triompher, mais sa victoire n'est pas des mieux assurées. Il ne faudra pas beaucoup d'examen pour faire appercevoir le foible de cette assertion de M. Rondet. D'abord, pourquoi dans la Chronologie du premier âge du Monde, il rejette lui-même les calculs du Texte Hébreu-Samaritain & des LXX. Interprétes, & qu'il approuve la supputation de l'Original Hébreu des Juifs (1)? Il est certain que les trois Textes s'entre-heurtent, pour ainsi dire, continuellement l'un & l'autre dans les suites Chronologiques Patriarchales avant le Déluge: la durée de ce premier âge n'y est point uniforme. Mais admettrons-nous ces trois Chronologies dans le même intervalle de tems? Que résulteroit-il de cette régle de critique, que M. Rondet se trouve forcé de transgresser dès le premier pas dans ses *Observations* & dans ses

(1) *Voyez aussi la Dissertation sur les deux premiers âges du Monde*, 1. part. pag. 542. — 553. Tom. I. de la S. Bible, édit. d'Avignon 1767.

discussions Chronologiques sur les âges antérieurs au Déluge ? Il est clair que cet Ecrivain n'est point ferme dans ses principes : il ne pouvoit l'être, parce que les fondements sur lesquels il les appuye, ne sont ni solides, ni stables. Aussi rien n'est-il plus ruineux que ce qu'il établit au même endroit contre l'Ouvrage de l'Auteur.

Je ne blâme pas M. Rondet de ne s'être point attaché à l'une des deux Chronologies du Texte Samaritain & des Septante, concernant les tems antérieurs au Déluge. Il est manifeste qu'elles sont altérées même à dessein, & que le calcul de l'Original Hébreu est le seul qu'on doive suivre. Je n'en veux qu'à son inexactitude dans cet endroit de ses *Observations* : & sans doute qu'il a senti qu'il s'étoit un peu trop avancé, en parlant des trois Chronologies de la maniere que nous venons de le voir ; aussi le voit-on (1) revenir sur la même matiere & apporter quelque tempérament à sa prétendue régle de critique. Je vais vous exposer, Monsieur, comment il le fait.

III. " Le P. Fabricy, dit M. Rondet, vient à la Chro-
" nologie des deux premiers âges, & il ne manque pas de
" s'élever contre ceux qui abandonnent celle du Texte Hé-
" breu, pour suivre celle des Septante, ou du Samaritain.
" Le P. Houbigant use ici de discernement ; il abandonne en-
" tiérement celle des Septante, comme étant visiblement al-
" térée dans les deux âges : il préfere pour le premier âge
" celle du Samaritain, qui lui paroît offrir une proportion
" plus raisonnable & plus vraisemblable dans les années des
" Patriarches ; & il s'attache pour le second âge à celle de
" l'Hébreu ; parce que celle du Samaritain y paroît aussi visi-
" blement altérée que celle des Septante. Le reproche que
" le P. Fabricy fait ici au P. Houbigant, est donc d'avoir aban-
" donné la Chronologie de l'Hébreu pour le premier âge.
" J'avoue que pour ce premier âge je ne vois rien qui oblige
" de s'écarter du Texte Hébreu ; mais je pense avec le P. Hou-
" bigant, qu'il faut ici user de discernement ; que si la Chro-
" nologie de Moyse a souffert dans le Texte Samaritain & dans
" la Version des LXX. ; elle a pu souffrir & elle a souffert en
„ effet dans le Texte Hébreu même. Je n'adopterois, ni ne

―――――――――――――――――――――――――――――
(1) *Journal Eccléhastique*, mois d'Août art. X. année 1773.

" rejetterois aucune des trois Chronologies : je croirois de-
" voir recueillir des trois les lectures primitives. La dispro-
" portion des âges dans le premier intervalle depuis Adam
" jusqu'à Noé, ne me paroît pas un motif suffisant pour aban-
" donner le calcul du Texte Hébreu ; mais dans le second in-
" tervalle depuis Noé jusqu'à Abraham, le peu d'étendue
" que donne le Texte Hébreu, sur-tout depuis Arphaxad
" jusqu'à Phaleg, me paroît trop court pour former les Peu-
" plades qui se diviserent au temps de Phaleg, & de la divi-
" sion desquelles se tiroit son nom. Ce qui paroît supposer
" qu'elle arriva vers le temps de sa naissance, placé selon le
" Texte Hébreu, environ cent ans après le Déluge. Je soup-
" çonnerois donc qu'il manque dans cet intervalle, premie-
" rement les cent ans donnés de plus à Arphaxad dans le Te-
" xte Samaritain & dans la Version des Septante ". (en second
lieu, les cent trente ans que la même Version donne à Caïnan, lorsqu'il engendra Salé, & duquel il est fait mention dans
l' Evangile de S. Luc.) " Ces deux sommes ajoutées à celles
" du Texte Hébreu donnent trois cents trente ans depuis la
" naissance d'Arphaxad jusqu'à celle de Phaleg. Voilà ce
" qui me paroît convenable & suffisant pour la formation des
" Peuplades qui se diviserent au temps de Phaleg (1) ".

Telles sont, Monsieur, les preuves que M. Rondet oppose au P. Fabricy, lequel toujours uniforme dans ses principes n'a point cru devoir se départir de la supputation Hébraïque dans la Chronologie de ce second âge.

Un Critique vrai & sincere ne se contente pas de rejetter
l'opinion d'un Auteur, quel qu'il soit. Loin d'en taire, d'en
déguiser, d'en exténuer les preuves; il se fait une loi constante de les mettre au grand jour. Il les examine sans prévention,
il en considere la force ou la foiblesse ; enfin après les avoir
discutées avec toute l'attention possible, il tache d'établir son
sentiment sur les ruines de celui de l'adversaire qu'il combat,
sans toutefois perdre jamais de vûe les égards qu'il lui doit,
en attaquant ses opinions. Il s'en faut bien que M. Rondet se
soit astreint à ces régles de sagesse & d'équité, que dicte le bon
sens. En-vain affecte-t-il de se donner par-tout pour un Criti-

---

(1) Voyez la *Dissertation sur les deux premiers âges du Monde*, S. Bible,
édit. d'Avignon, Tom. I. pag. 557. suiv.

que très-impartial ; il se dément à chaque pas. L'on ne doit point s'étonner de cette façon d'écrire de M. Rondet. Le P. Fabricy a combattu avec autant de force que de raison les hypothéses du P. Houbigant & de M. Kennicott sur l'état présent du Texte Hébreu. C'étoit-là son grand crime. Il falloit donc tâcher de le trouver en défaut. L'Auteur ne doute pas que les partisants de M. Kennicott & M. Kennicott lui-même ne l'attaquent vivement en Angleterre ; mais comme il s'attend à tout en fait de disputés littéraires, il a tout prévû.

Revenons à M. Rondet. Quand on fait tant que de vouloir critiquer, pourquoi passer sous silence cette foule de preuves que l'Auteur avoit fait valoir en faveur de la Chronologie du second âge du Monde, selon le Texte Hébreu, dans son II. Volume, pag. 407. suiv. N. & dans ses *Recherches sur l'Epoque de l'Equitation*, auxquelles il renvoye encore au même endroit de son Ouvrage, pour ne pas se répéter inutilement ? L'Auteur y avoit démontré que le calcul Hébreu met entre le Déluge & la Vocation d'Abraham un espace de tems assez long pour la formation des Peuplades qui commencerent à se diviser vers la naissance de Phaleg, arrivée l'an 101. après le Déluge, suivant la supputation Hébraïque. Il y avoit fait voir que ce calcul répond à toutes les objections, à celles principalement qu'on ne cesse de tirer de l'antiquité des Chinois & des Histoires de tous les anciens Peuples.

L'on sent bien que ces preuves alléguées par l'Auteur, embarrassoient M. Rondet ; ainsi le parti le plus court étoit de les dissimuler. Méthode admirable ! Ce qui étonnera davantage, c'est que non seulement M. Rondet ne tente pas même de répondre aux difficultés qui renversent de fond en comble le calcul qu'il embrasse, & que l'Auteur n'avoit point omises pour appuyer son sentiment ; mais qu'il répete une partie des objections que le P. Fabricy s'étoit opposées, & les apporte en preuve de son hypothése. Etoit-ce bien la peine d'écrire ?

Je ne vous spécifierai pas, Monsieur, les preuves que le P. Fabricy employe ici comme ailleurs, en faveur du calcul Hébreu pour ce second âge du Monde. Je me flatte que vous en aurez senti toute la force, en lisant son Ouvrage ainsi que ses Recherches sur l'Epoque de l'Equitation: je passerois les bornes d'une Lettre, s'il me falloit suivre ce détail. Permettez que je renvoye à ces deux Ovrages de l'Auteur & aux Ecrivains qu'il y cite pour donner plus d'autorité à ses preuves.

IV. Que ferons-nous donc, nous dira M. Rondet du Cainan des septante Interprétes & dont parle S. Luc, III. 36.? Faudra-t-il sacrifier l'Intégrité du Texte de l'Evangéliste & de celui des Septante à l'intégrité du Texte Hébreu qui n'en dit pas le mot? Osera-t-on le rejetter, & à l'exemple du P. Fabricy, *en parler avec une sorte de mépris, comme d'un personnage postiche?*

M. Rondet n'est pas plus heureux sur cet article que sur bien d'autres, pour convaincre d'erronée la critique de notre Ecrivain. J'en appelle, Monsieur, à tout Lecteur équitable & judicieux: je le prie de lire sans préjugé ce que le P. Fabricy a dit au sujet de ce second Cainan, Tom II. pag. 404. Not. L'on verra qu'il y propose modestement ses conjectures, & qu'il ne tient là-dessus qu'un langage adopté par les plus religieux Ecrivains, soit Chronologistes, soit Interprétes. Le respect & la vénération qu'il témoigne dans tout son Ouvrage, pour tous les Textes, pour toutes les Versions Grecques, Latines & Orientales, détruisent à fond le vain reproche que lui fait M. Rondet. Il est vrai que l'Auteur ne paroit guere porté à admettre ce personnage dans la liste Chronologique des Patriarches du second âge; mais l'auroit-il rejetté sans fondement? Voyons ce qui en est.

Le Critique du P. Fabricy, au lieu de faire voir par des preuves formelles, que ce second Cainan que les LXX. font naître d'Arphaxad fils de Sem, & duquel il est parlé dans les Exemplaires de l'Evangile de S. Luc, appartenoit à la lecture primitive, ne dit que des choses vagues & n'entreprend pas même de détruire les arguments contraires; c'est-à-dire qu'il ne répond point. Il prend toutefois le parti de se battre en retraite, & revient par des voies obliques à son hypothése favorite.

Telle est la méthode constante de M. Rondet. Ebloui par son hypothése Chronologique, il n'en soupçonne pas même le foible, & nous demande ensuite assez froidement d'où cette interpolation seroit venue (1).

Que M. Rondet me permette de le lui dire: ——— Vous

---

(1) *Voyez aussi la Dissertation déjà citée*, pag. 556. *suiv.*

prétendez que l'omission de ce second Caïnan dans l'Hébreu, est beaucoup plus facile & même plus probable que l'interpolation dans le Texte Grec des Septante. Ne sentez-vous donc pas que votre assertion est une pure pétition de principe ? Ressouvenez-vous de ce que vous aviez déja fait imprimer au sujet de pareilles interpolations touchant la Chronologie du premier âge du Monde ; vous nous fournissez vous-même la réponse à votre difficulté. Nous vous répondrons que cette interpolation & une foule d'autres de même espece, que les plus savants Peres de l'Eglise, ainsi que les plus doctes Critiques reprochent avec fondement à cette Version des Septante, viennent de la même source que tous ces nombres ou altérés, ou corrompus par l'inadvertance des Copistes, ou corrigés à dessein par les Copistes eux-mêmes ; erreurs que vous ne faites aucune difficulté de reconnoître dans les Générations qui dévancent le Déluge. Vous avez très-bien prouvé contre les Copistes Grecs, dans la Dissertation (1) qu'on a citée ci-dessus, que ce sont eux qui ont altéré les nombres concernant le premier âge du Monde. Vous y avez très-bien dit que " les " Copistes Hébreux plus fidéles ont conservé le Texte, tel " qu'il étoit; & ne prétendant point s'ériger en Réformateurs " d'un Texte si respectable, ils n'ont osé réformer l'Hébreu " dans les Générations dont il s'agit ". Voilà donc une présomption assez forte en faveur des Exemplaires Hébreux des Juifs, relativement à tout ce qui regarde la supputation Chronologique des premiers tems. Votre assertion manque donc de preuves suffisantes pour nous la faire recevoir sans examen. Il est au-contraire comme démontré qu'il y a altération dans ce passage du Texte des Septante, comme dans celui de Saint-Luc.

Pourquoi croiriez-vous les Copistes Juifs capables d'avoir perdu de vûe leur Texte primitif dans les nombres du se-

---

(1) Dans le *Dictionnaire Philosophique de la Religion, par l'Auteur* (Nonnotte) *des Erreurs de Voltaire*, Tom. II. art. Ecriture, pag. 106. édit. de 1772. *in*-12. on attribue cette Dissertation sur les deux premiers âges du Monde, à M. l'Abbé de Vence. Mais de la maniere dont s'énonce M. Rondet dans une Note qui est au commencement de cette piece, il paroit qu'elle est de sa façon.

cond âge ; & qu'aucun d'eux, pas même ceux qui étoient anciennement destinés par état à la garde du sacré dépôt des Divines Ecritures, tels que les Prêtres, les Lévites, les Savans de la Nation, ne se sussent jamais apperçus d'une omission si considérable, ne l'eussent pas même soupçonnée dans deux endroits de la Génèse & dans le premier Livre des Paralipomenes qui servent comme de supplement aux Livres Historiques de l'Ecriture? Parcourez tous les Livres de l'Antiquité Juive, Feuillettez tous les Ouvrages modernes des Docteurs Juifs; je vous défie d'y découvrir le moindre vestige de cette prétendue altération. Croyez-vous de bonne foi, que les Copistes Grecs qui n'ont point respecté le Texte concernant le calcul du premier âge, en y faisant, de votre aveu, des corrections réfléchies, auront plus épargné celui de la Chronologie du second? Mais à qui persuaderez-vous cette espéce de paradoxe ? Aucun vrai Savant ne vous donnera raison.

Dans le Texte Hébreu, il ne s'agit pas d'une simple inadvertance commise par les Copistes au Chapitre X. 24. de la Génèse. Ce prétendu Caïnan que vous soutenez être de la lecture primitive, devroit encore se trouver au Verset 12. du Chapitre XI. & au I. Livre des Paralipomenes, Chapitre I. vers. 18. Cependant tous les Exemplaires Hébreux, soit imprimés, soit manuscrits, que nous connoissons, ne se démentent jamais sur cet article. Pour le dire en un mot, la Tradition des Juifs de tous les tems, de tous les lieux, toujours constante, toujours la même dans le calcul des premiers âges, dépose en faveur de nos Exemplaires Hébreux. Et vous prétendez que cette omission dans trois endroits si remarquables, a plus de probabilité dans le Texte primitif Hébreu, dans un Texte toujours conservé avec une attention la plus scrupuleuse & tout le soin possible, que l'interpolation dans le Grec des septante Interprétes, dont les travaux ont été si exposés au laps des tems ! Puisque vous convenez que les Copistes Grecs se sont donnés tant de liberté que de corriger leur propre Texte ; une fois qu'ils auront interpolé tel ou tel Verset, n'est-il pas naturel de penser qu'ils ne se feront fait aucun scrupule de réformer également, selon leur bon plaisir, tous les autres endroits qui lui étoient paralleles ? Aussi est-ce de cette source que sont venus les Verſets (1) concernant le ſecond Caïnan, & qu'on ne trouve que dans la Verſion des LXX. Ne nous demandez donc plus d'où l'on auroit tiré ces quatre Verſets, s'ils n'euſſent jamais exiſté? La demande eſt puérile: vous auriez dû le ſentir. Sachez de plus que pluſieurs diverſités de leçons qu'offre cette même Verſion, ne doivent point leur naiſſance au pur hazard, ni à la ſeule inattention des Copiſtes Grecs; mais qu'elles ont été faites par un deſſein bien médité. ――― *Non caſum redolet, ſed induſtriam*, diſoit S. Auguſtin (2). Il me ſeroit aiſé de vous citer là-deſſus une foule de témoignages pour vous prouver de plus-en-plus que c'eſt en-vain que vous vous efforcez de donner quelque air de vraiſemblance à votre hypothéſe. Mais qu'eſt-il néceſſaire de vous reproduire ces ſortes d'autorités? Daignez ſeulement conſulter l'Ouvrage même du P. Fabricy, vous y verrez ce que l'on doit penſer de l'état actuel où ſe trouve cette Verſion des LXX. Interprétes.

C'eſt donc à-tort que vous vous récriez contre l'Auteur, d'avoir ſoutenu, Tom. II. pag. 461. Not., qu'il y a de fortes raiſons de croire que le nom de ce ſecond Caïnan n'étoit point originairement ni dans la Verſion des LXX.

―――――――――――――――――

(1) Entre les 12. & 13. Verſet du Chap. XI. de la Genèſe, voici ce qu'ajoutent les Exemplaires de la Verſion des Septante. *Arphaxad ayant vécu cent trente cinq ans, engendra Caïnan*. ⚏ *Et Arphaxad, après avoir engendré Caïnan, vécut quatre cents ans; & il engendra des fils & des filles*. *Caïnan ayant vécu cent trent ans, engendra Salé*. ⚏ *Et Caïnan, après avoir engendré Salé, vécut trois cents trente ans; & il engendra des fils & des filles*. Au Verſet 24. Chap. IX. de la Genèſe on lit dans les mêmes Exemplaires: ⚏ *Arphaxad engendra Caïnan*. Cette dernière leçon ſe trouve encore au Chapitre I. du I. Livre des Paralipomenes dans le Ms. Alexandrin & dans les Editions d'Alde & de Complute. Ne déguiſons pas cependant que les Mſſ. où cette leçon manque, ſont défectueux de 13. Verſets. Mais les variétés de leçons, qui ſe trouvent dans les Editions & les Mſſ. Grecs, tant à l'égard de l'âge d'Arphaxad après la naiſſance de Caïnan, que de l'âge de Caïnan après la naiſſance de Salé, ſont une aſſez forte préſomption contre les Exemplaires, ſoit imprimés, ſoit Mſſ. qui ont dans cet endroit de la Genèſe le nom de Caïnan. Voyez *Heideggerus, Hiſtor. Patriarch. Tom. II. ſect. X. pag. 8.* ⚏ *Uſſerius, de Cainane Diſſert. pag. 173. ſeq. &c.* ――― *& alii*.

(2) *De Civit. Dei lib. XV. cap. 13. §. 1. Oper. Tom. VII. edit. Pariſ. 1685. col. 393.*

ni dans le Texte primitif de S. Luc. Outre le silence de toutes les anciennes Versions des Livres de l'Ancien Testament, qui ne disent rien de plus que les deux Textes Hébreux des Juifs & des Samaritains ; le P. Fabricy, pour suir le détail, vous avoit allégué quantité d'Ecrivains autant respectables par leur savoir que par leur piété, qui appuyent fortement cette même Thèse (1). Et vous ne pouvez d'ignorer (2). Ces différentes autorités ne vous embarrassent guere. Vous croyez donner une bonne réponse, en nous disant avec un ton décisif & d'importance (3), que ce ne sont-là que des arguments négatifs, des témoins muets. Mais tout muets qu'ils sont, en constatent-ils moins l'interpolation ? Ces arguments sont d'une force victorieuse : ils déposent invinciblement contre votre assertion.

Eh ! Ne voyez-vous pas où vous conduit votre supposition purement gratuite. Toutes les fois que vous trouverez dans votre Texte Grec des LXX. quelque leçon qui ne sera point dans l'Original Hébreu, ni dans les anciennes Versions (vous en trouverez sans doute plus d'une) : vous devrez donc, selon vos principes, la recevoir à l'aveugle, sans le moindre égard & pour ce Texte & pour ces Versions. L'on aura beau vous opposer ce même Texte Hébreu, comme les autres Versions Grecques, Latines & Orientales ; vous répondrez que ce ne sont-là que des témoignages muets ! Quelles que soient enfin vos prétentions chimériques, apprennez que ces divers Textes & ces anciens Ecrivains sont des témoins infiniment dignes de nos respects, de notre vénération, en un mot, d'une très-grande autorité.

Quoi ! Josephe, Philon, Dosithée, Théophile d'Antioche, Origene, Jule-Africain, Eusebe, ce dernier, entre autres, qui rapporte dans sa Chronique (4), les suites Patriarchales selon la Version des LXX, ces Ecrivains, dis-je, auroient-ils entièrement omis ce second Cainan, s'il eût appartenu à la leçon primitive du Texte? S'il l'eussent du moins

---

(1) Voyez Usserius, loco cit., pag. 181. seq.
(2) Voyez la S. Bible publiée par M. Rondet, Paris 1748. Tom. I. Préface sur la Génese, pag 204.
(3) Loc. cit. Mois d'Août du Journal Ecclésiastique.
(4) Pag. 9. Edition. Josephi Scaligeri, Amstelodam. 1658. fol.

lû dans leur Exemplaire Grec de cette Version (1), qu'ils avoient sous les yeux ? Une critique impartiale & judicieuse devroit, ce semble, au-moins conclure de pareils témoignages, que rien ne sauroit être plus suspect qu'une telle leçon. Cette omission dans des Manuscrits aussi anciens & d'une aussi grande autorité que l'étoient ceux qu'avoient Eusebe & Jule-Africain, que l'est encore celui du Vatican, est sans doute bien digne de considération.

Quand vous me répéteriez ce que vous avez déja publié dans votre premiere Edition (2) de la S. Bible ; vous ne donneriez pas moins une réponse toute pleine de foiblesse. Il ne s'agit point ici de quelques Exemplaires sans aveu comme sans autorité, qui auroient pu avoir cette leçon ; mais il est question de ceux qui étoient les seuls reconnus pour les Exemplaires authentiques de la Version des LXX., & tels que les avoient sous les yeux ces anciens Ecrivains que je viens de vous alléguer.

Je vois bien que vous viendrez m'opposer le fameux Manuscrit d'Alexandrie, publié par Grabe : il est sans doute d'une autorité respectable, quoiqu'il ne soit point tel que l'a cru son savant Editeur, ainsi que vous aurez pu vous en convaincre par ce que le P. Fabricy en a dit dans son Ouvrage (3). Vous opposerez encore toutes les anciennes Versions du Nouveau Testament, qui portent ce second Caïnan dans l'Evangile de S. Luc. Mais quelle induction en tirerez-vous au préjudice du Texte primitif Hébreu & des Versions Orientales de l'Ancien Testament ? Ne pourroit-on pas vous répondre que cette interpolation d'abord écrite à la marge,

---

(1) *Voyez Usser. loc. cit. pag.* 189 *seq.* Remarquez que l'Exemplaire Ms. du Vatican, publié par ordre de Sixte V. en 1587. & réimprimé à Paris l'an 1628. en Grec & en Latin par les soins du P. Morin Oratorien, omet également ce second Cainan au I. Livre des Paralipomenes.

(2) *Tom. I. loc. cit. pag.* 205. Il y soutient que le silence de tous ces Ecrivains, peut seulement prouver que ce nom ne se trouvoit pas dans les Exemplaires qu'ils ont vûs, & dont ils se sont servis ; mais il ne prouve pas que ce nom ne fût, ou n'eût jamais été dans aucun autre Exemplaire. Ce que nous observons touchant la Version Commune des LXX. démontre la foiblesse de cette réponse de M. Roudet.

(3) *Tom. I. pag.* 228. *seq. Not. pag.* 247.— 249. *Not. Tom. II. pag.* 62. *seq. & Not. pag.* 74.— 78. *& Not.*

par quelque Copiste Grec, étoit passée insensiblement & peu-à-peu dans la Version Commune des LXX., laquelle, ainsi que vous ne pouvez l'ignorer, étoit anciennement si corrompue, si altérée que sans les beaux & utiles travaux du grand Origene, à-peine saurions-nous distinguer aujourd'hui ce qui nous vient des septante Interprétes. C'est aussi probablement de la même Version Commune, Κοινὴ, que la leçon en question se sera d'abord introduite dans quelque Exemplaire Grec du Texte de Saint-Luc, d'où elle aura enfin passé dans presque tous les Manuscrits Grecs que nous connoissons.

Ce n'est point que ces Manuscrits ayent tous contracté la même tache; puisque l'on en trouve de très-anciens du Nouveau Testament, qui n'offrent point ce second Cainan dans l'Evangile de S. Luc. Tel est l'Exemplaire Grec, que Beze découvrit à Lyon en 1562. (1), & qu'il légua en 1581. à la Bibliothéque de Cambridge, où on le conserve de nos jours. Il n'est donc pas difficile de concilier S. Luc avec le Texte de Moyse, puisque ce n'est point la faute de l'Evangéliste, si son Texte s'est trouvé interpolé dans cet endroit, par la licence de quelque faussaire ou Copiste Grec, ainsi que le remarque le savant Sixte de Siene : —— *Quod quidem non Evangelistæ culpa, sed falsatoris vitio accidisse credendum est* (2).

Je m'apperçois que le Critique dira avec le Docteur Mill (3) que le Manuscrit de Beze n'est pas de grande autorité; que la pluralité des Manuscrits Grecs des Evangiles est conforme à sa leçon. Mais on lui répondra que, quelque nombreux que soient les Manuscrits qui appuyent une Variante quelconque; cette même Variante pourra recevoir des exceptions, parce que dans certains cas ce n'est point à la pluralité, ni au nombre des Manuscrits, mais à leur qualité qu'il faut s'attacher, pour juger sainement si telle ou telle Variante doit

---

(1) Voyez au sujet de ce Ms. *Joan. Millii Nov. Testam. Græc. edit. Amstelod.* 1709. *Prolegomen. num.* 1268. *seq. pag.* 132. *seqq.* = *Jo. Jacob. Wetstenii, Prolegom. in Nov. Testam. ab se edit. Amstelod.* 1751. *pag.* 28. *seq.*
(2) *Bibliothecæ Sanctæ lib. VII. Tom. II. pag.* 998. *edit. Neapolit.* 1742.
(3) *Millius, loc. cit. num.* 1274. *seq. pag.* 133. *& in Luc. III.* 36. = *Vid. Wetstenius, loc. cit. pag.* 30. *seqq.*

être admife ou être rejettée. Or le Manufcrit de Beze, tout corrompu que les Savants le fuppofent en une infinité d'endroits (1), peut avoir confervé la leçon primitive dans le paffage dont il s'agit. Et combien n'en a-t-il pas retenu, ainfi que l'atteftent ceux des Littérateurs (2) qui l'ont examiné avec attention ; car enfin ce Manufcrit n'en eft pas moins un monument très-précieux, quelque interpolé qu'il foit.

En-vain M. Rondet nous objecteroit-il encore qu'Origene avoit fait mention de ce Cainan dans la Verfion Grecque de fes Hexaples. Mais au rapport du favant Procope de Gaze (3), cette leçon y étoit notée d'un Obele, efpéce de Marque Grammaticale dont s'étoit fervi Origene, pour défigner des leçons abfolument fuperflues, & étrangeres au Texte primitif. J'obferverai de plus que ce même Pere paffe entiérement fous filence le fecond Cainan, dans trois de fes homélies (4) où il nous donne le dénombrement des Générations Patriarchales avant & après le Déluge jufqu'à Abraham. Preuve manifefte qu'Origene ne faifoit aucun cas de ce Cainan, & qu'il le regardoit comme n'appartenant point à la leçon primitive du Texte Hébreu, ni même de l'Evangile de Saint-Luc.

Je laiffe maintenant à penfer à tout Lecteur fenfé & impartial, fi ces raifons, ces différentes autorités ne devoient être comptées pour rien. Sans infifter davantage là-deffus, je prie M. Rondet de recourir aux Ecrivains (5) qu'a cités le P. Fa-

---

(1) *Millius & Wetftenius*, loc. cit.
(2) Iidem ibid. Millius quidem num. 1278. pag. 133. Wetften. vero pag. 34.
(3) *Commentarius in Genef. XI. pag. 114. edit. Tigurin. 1555.*
(4) *Homilia IV. in Numeros*, §. 1. ⇒ *Commentariorum in Matthæum*, Tom. XV. §. 54. ⇒ *In Joannem*, Tom. XX. §. 3. Operum ejufd. edit. Parif. 1733. 1740. 1759. Tom. II. pag. 282. Tom. III. pag. 701. Tom. IV. pag. 309. feq. Confer Daniel. Huetii Notas in hunc poftremum Origenis Tomum, pag. cit.
(5) A ces différens Auteurs cités par le P. Fabricy, on peut ajouter les fuivants. ⇒ *Le P. Le-Quien, Défenfe du Texte Hébreu & de la Verfion Vulgate*, part. II. ch. VI. pag. 357. fuiv. ⇒ *Ufferius, Differtat. de Cainan*, pag. 157. feqq. Ejufd. de LXX. Interpret. Verfione Syntagmat. & in Criticis Sacris, Tom. VI. edit. Amftelodam. 1698. pag. 338. feqq.

bricy. Il s'y convaincra par lui-même, que l'Auteur n'a rien dit sur ce passage, qui ne soit appuyé du témoignage des plus doctes & des plus religieux Critiques. D'ailleurs, puisqu'il convient (1) que *ce point n'intéresse ni la foi, ni les mœurs ; & que c'est aux Critiques que la Vulgate en laisse la discussion* (car il s'exprime de la sorte ; façon de parler tout-à-fait impropre), à quoi bon tant blâmer l'Auteur d'être d'une opinion que ce Censeur considere comme indifférente en elle-même ?

Je ne sais s'il est facheux pour l'Auteur, que, parmi tous ces Ecrivains modernes qu'il apporte en preuve de son sentiment, il y ait une faute de citation au sujet de l'endroit qu'il allégue de la Bible Hébraïque du P. Houbigant. Un Critique sage & moderé auroit excusé ces sortes d'erreurs. Mais M. Rondet qui ne cherche qu'à chicaner, a cru devoir pousser sa pointe, en s'écriant avec emphase : —— *Il est peut-être singulier que le P. Houbigant dans l'endroit cité* (Génese XI. 10.) *ne dit pas mot de cette prétendue interpolation dans les Septante & dans S. Luc.*

J'avoue, Monsieur, que dans ses Notes sur le Chapitre XI. vers. 10. de la Génese, le P. Houbigant se conten-

---

⇌ *Grotius in Lucam, III. 36. ibid. pag. 336. seqq.* ⇌ *Ægidius Strauckius, de anno Nativitatis Abrahæ, Thesauri novi Theolog. Philolog. Tom. I. edit. Lugd. Batav. 1732. pag. 270. seqq.* ⇌ *Joh. Jacob. Hottingerus, de Genealogia Christ. Dissert. ibid. Tom. II. pag. 87. seq. §. 1. seq.* ⇌ *Samuel Petit, Variarum lectionum lib. IV. cap. VI. pag. 176. seqq. edit. Paris. 1633.* ⇌ *Histoire Universelle traduite de l'Anglois d'une Société de Gens de Lettres, Tom. I. pag. 205. & pag. 231. Not.* ⇌ *M. Chais, la S. Bible, Tom. I. pag. 132.* Observez que ce dernier Ecrivain manque d'exactitude, lorsqu'il assure que ce Cainan n'est point dans la Version Grecque des LXX., imprimée à Rome & à Paris. Il falloit dire seulement qu'au I. Livre des Paralipomenes ces deux éditions n'en parlent point ; mais elles en font mention, Génes. X. 24. XI. 12. Il manque également d'exactitude en disant que le nom de ce prétendu fils d'Arphaxad ne se trouvoit point dans les Hexaples d'Origene. Voyez ci-dessus pag. 23. où nous avons fait observer le contraire. Je ne releve ces sortes d'inadvertances, d'ailleurs très-excusables dans ce très-laborieux Ecrivain occupé d'un grand Ouvrage, que parce qu'elles peuvent induire en erreur un Lecteur inattentif.

(1) *Voyez ses Notes sur le Chapitre XI. 12. 13. de la Génese, Tom. I. de la S. Bible, nouvelle édit. d'Avignon chez Merande 1767. pag. 702.*

te de rejetter en général la Chronologie des LXX., sans examiner d'où a pu venir ce Cainan. Mais il est vraiment singulier que M. Rondet qui a tant fait usage de l'Ouvrage de ce docte Oratorien, sur-tout dans ses différentes remarques qu'on voit au bas des pages de sa nouvelle Edition de la S. Bible, il est, dis-je, bien singulier qu'il ne se soit point apperçu qu'au Chapitre X. vers. 29. de la Génese, Tom. I. pag. 30., ainsi que le P. Fabricy auroit dû le citer, le P. Houbigant lui-même n'oublie rien pour faire considerer ce second Cainan comme un *Personnage postiche*.

Un Critique instruit, du-moins équitable, eût redressé cette citation, en recourant à la Bible du P. Houbigant. La chose étoit facile ; car deux ou trois pages plus haut, M. Rondet auroit trouvé sûrement cette même autorité alléguée par l'Auteur.

Dans un Ouvrage rempli d'autant de citations que l'est celui du P. Fabricy, devroit-on s'étonner que son Imprimeur l'eût quelquefois mal servi ? Je sais, Monsieur, que l'Auteur n'a jamais négligé les sources, & qu'il les a toujours consultées par lui-même. L'on pourra trouver tout au-plus dans ses deux gros Volumes remplis de discussions, quelques erreurs au sujet de telle ou telle page, de tel ou tel Chapitre des Livres qu'il cite très-souvent dans ses Notes. Ce sont des fautes presque inévitables dans tous les Ouvrages imprimés. Soyez néanmoins très-persuadé, Monsieur, que l'Auteur ne cite jamais en-vain.

Une seule chose qui me reste à vous dire avant de terminer ma Lettre, c'est que M. Rondet auroit souhaité (1) quelques Sommaires répandus dans le cours de l'Ouvrage pour servir de repos, dit-il, & pour soulager le Lecteur en lui facilitant le fruit de la lecture. Quelque fondée que paroisse cette plainte, il semble toutefois que l'Auteur a remédié en quelque façon à une telle omission par un Index très-copieux & même raisonné des Matieres, outre une Table assez détaillée des passages de l'Ecriture, expliqués ou cités dans ses Considérations critiques. D'ailleurs, la nature de l'Ouvrage ne permettoit guere qu'on mît aux

---

(1) *Loc. cit. Mois de Juillet.*

marges ces fortes de Sommaires, eu égard au grand nombre de Notes qui font immédiatement fous le Texte, & qui forment la partie la plus confidérable du Livre.

Pénétré des fentiments de la plus vive gratitude, j'ai l'honneur d'être avec un profond respect,

MONSIEUR,

A Rome, 1. Septembre 1773.

Votre très-humble & très-obéiſſant ſerviteur,
P. A. ROMAIN.

DEUXIEME LETTRE.

MONSIEUR,

 Attachement sincere, que vous avez toujours eu pour la vérité, me fait esperer que vous aurez lû avec plaisir ce que j'ai opposé jusqu'à-préfent aux *Observations* de M. Rondet ; je ne doute pas même que vous n'attendiez avec une espéce d'impatience mes autres remarques sur sa critique. Je vais tâcher de vous satisfaire, en commençant d'abord par un autre point relatif à la Chronologie du second âge du Monde.

Peu satisfait des opinions hypothétiques du P. Houbigant, le P. Fabricy avoit dit, Tom. II. pag. 404. Not., que ce qui oblige ce docte Oratorien de suivre le calcul Hébreu dans les âges postérieurs au Déluge, c'est qu'il suppose que Moyse ne fixe l'ordre des tems que par la naissance des Premiers-nés des Patriarches. Non-content d'avoir combattu cette hypothése du docte Oratorien, notre Ecrivain avoit attaqué en même-tems le savant Auteur des *Nouveaux Eclaircissemens sur le Pentateuque des Samaritains*, qui regardoit la même hypothése comme incontestable. Le P. Fabricy avoit ajouté que le passage de la Génese, X. 21. sur lequel ce Bénédictin de la Congrégation de S. Maur se fondoit pour adjuger la Primogéniture à Sem, n'est point aussi décisif qu'il l'assuroit (1). Ce passage de la Génèse est le suivant : = *De Sem quoque nati sunt, patre omnium filiorum Heber, fratre Japhet* MAIORE, comme porte la Vulgate. Nous lisons dans notre Texte Hébreu : = ולשם ילד גם־הוא אבי כל־בני־עבר אחי יפת הגדול :

Le P. Fabricy avoit dit de plus que pour saisir le véritable sens de ce passage, c'étoit aux Textes eux-mêmes Hébreu, Chaldéen, Grec, Syriaque, Arabe, &c., qu'il falloit recourir, & non à de simples Versions Latines, que nous en avons, ainsi que le faisoit l'Auteur des *Nouveaux Eclaircissemens*. Il est vrai que ce savant Bénédictin s'opposoit à l'autorité de la Version Grecque de Septante, dans laquelle on lit : = Ἀδελφοῦ Ἰάφεθ τοῦ μείζονος, *Fratre Japheti* MAIORIS (2), & celle de la Version de Symmaque, dont le Texte Grec revient au même sens.

A la réponse du Bénédictin, on voit bien que ce Savant fuyoit plûtôt la difficulté qu'il n'y répondoit d'une maniere satisfaisante ; & c'est ce qu'avoit remarqué le P. Fabricy. Pour montrer que cette façon de traduire des deux Versions Grecques qui font Japher l'Aîné des enfans de Noé, est la seule véritable, l'Auteur avoit prouvé qu'elle étoit très-conforme au génie de la Langue Hébraïque. Comme les régles d'une sage critique ne permettent point qu'on déguise ce que l'on peut objecter, l'Auteur avoit fait l'aveu que l'autre maniere de traduire, en rapportant l'Adjectif *Haggadol* הגדול *Magnus* ou *Major* à Sem, ne répugnoit point à la Syntaxe de cette Langue.

C'est sans doute d'un tel aveu, que M. Rondet prétend tirer avantage contre l'interprétation que l'Auteur donne au passage de la Génèse d'après l'autorité des deux Versions des LXX. & de Symmaque. A l'exemple du docte Bénédictin qui se sentoit fort pressé par cette autorité, il prend le parti

_____

(1) *Nouv. Eclaircissemens &c.* Chap. XI. §. XVII. pag. 224.
(2) Le Texte de Moyse porte = אחי יפת הגדול : ce que la Version Grecque des LXX. a rendu à la lettre, eu égard au He ה préfixe de *Gadol*, construit immédiatement avec le mot *Japhet*. Symmaque a traduit par τοῦ πρεσβύτε *Senioris*.

de fuir la même difficulté tirée de ces deux Versions, & ne répond que d'une maniere très-vague (1). Il dit d'abord que " le Lecteur impartial & judicieux (termes dont M. Rondet ne sent pas probablement ni la force, ni l'énergie) qui connoîtra le style Hébreu, n'ignorera pas que ce *He* (du terme *Gadol*) indique seulement, que ce mot MAJOR se rapporte à l'un des deux mots, *Frater* ou *Japhet*, & que le sens naturel du Texte le rapporte à *Frater*, comme l'exprime très-bien notre Vulgate *Fratre Japheti Majore* ". Mais ce même Lecteur qui connoîtra à fond & non d'une maniere superficielle le génie de la Langue Hébraïque, qui sentira les choses en elles-mêmes, & qui recourra aux Textes Originaux, n'aura pas de peine à juger que ce n'est point répondre directement à la difficulté qu'offrent les deux Versions Grecques, dont les Auteurs savoient sûrement plus d'Hébreu que n'en savent quelques prétendus Hébraïsans de nos jours ; & il paroît fort que c'est-là le cas du Critique. M. Rondet devoit prouver une fois pour toutes, que ces Interprétes avoient mal traduit le passage en question. Il ne l'a point fait: ainsi la difficulté reste dans toute sa force. Il a beau dire que le P. Fabricy ne prouve pas que Sem ne fut point l'Aîné: ses réponses sont toutes pleines de foiblesse, & décelent à chaque instant un Ecrivain peu instruit du vrai génie de l'Hébreu. Il ne me sera pas, Monsieur, difficile de le faire sentir à tout Lecteur qui aime sincérement la vérité. Je ne manquerai pas non plus de rendre justice à M. Rondet, lorsque l'occasion s'en présentera.

Le savant Auteur des *Nouveaux Eclaircissemens sur l'origine & le Pentateuque des Samaritains* (2) avoit prétendu que l'on ne voit dans aucun endroit de l'Ecriture les Adjectifs Hébreux *Haggadol* הגדול *Magnus* ou *Major* & *Katon* קטון *Parvus* ou *Minor*, unis pour le sens, immédiatement ou médiatement avec un nom propre, & qu'ils se trouvent toujours joints avec un nom appellatif. Tel est le sentiment du docte Bénédictin. Le P. Fabricy auroit du être ici plus attentif à la correction de ses épreuves: il se sera un peu trop fié à son Imprimeur qui ne l'a pas servi au-mieux dans cet en-

---

(1) *Loc. cit. Mois d'Août art. X.* (2) *Chap. XI. §. cit. pag.* 225. *Not.*

droit de son Ouvrage. Je suis persuadé que l'Auteur ne rougira point d'en faire l'aveu: & le reproche que M. Rondet lui fait ici, est fondé, mais le Critique eût peu épargner le ton aigre dont il accompagne sa remarque. Le vrai savant ne montre jamais de l'humeur: toujours maître de lui-même, il sait se modérer & se contenir. Quoiqu'il en soit de tout ce reproche, il n'en est pas plus favorable à M. Rondet, puis qu'au fond il ne roule que sur une dispute de mots; car le véritable point de la question est de savoir si dans aucun endroit de l'Ecriture, ainsi que le soutient le docte Bénédictin, Auteur desdits *Eclaircissemens*, l'Adjectif *Haggadol* הגדול, *Magnus*, ne se trouve jamais uni pour le sens, ni immédiatement, ni médiatement avec un nom propre. Or c'est ce que lui dispute le P. Fabricy; & lui dit qu'il suffiroit de produire un seul exemple de l'Ecriture, pour renverser son raisonnement. Le P. Fabricy lui oppose donc quatre passages desquels il fait l'application à celui de la Génese pour prouver que le contexte de ce Verset insinue évidemment que Japhet a été l'Aîné des enfants de Noé. Le premier de ces passages est pris du I. Livre des Rois, Chap. VI. 18. où nous lisons:
—— *Et usque ad Abel Magnum* ועד אבל הגדולה.

M. Rondet répond que les LXX. au lieu d'*Abel* ont traduit *Lapidem*: il pouvoit ajouter que la Paraphrase Chaldaïque de Jonathan en a fait de même, mais contre le témoignage unanime de toutes les autres Versions Orientales, sans en excepter même notre Vulgate-Latine & la Version Grecque de Symmaque, qui s'attachent à leur Texte Hébreu. M. Rondet croit donner du poids à sa réponse, en disant: —— " & " les mots qui suivent le prouvent assez; *Super quem posue-* " *runt Arcam Domini* ".

Si M. Rondet étoit constant dans ses opinions, il eût dû se ressouvenir qu'il avoit déjà admis cette même leçon du Texte Original dans son quatrieme Volume de la nouvelle Edition de la S. Bible; dans lequel il adopte la propre Version du P. De Carrieres qui traduit ce passage par le suivant: " = Jusqu' *à la Pierre nommée depuis* le Grand Abel, *ou le* " *Grand Deuil*, sur laquelle ils mirent l'Arche du Seigneur ". M. Rondet ne s'arrête point là; il adopte de plus la même Traduction du Verset qui vient immédiatement après, où il

est dit : —— " *Or ce qui fit donner ce nom à cette Pierre,*
" *c'est que le Seigneur punit de mort les habitans de Beth-*
" *sames & des villes voisines* ".

C'est ainsi que M. Rondet détruit d'une main l'Édifice qu'il veut élever de l'autre. Justifions en deux mots la Traduction que l'Auteur a donnée de ce Texte, qui est celle-même de la Vulgate que M. Rondet admet & rejette tour à tour, selon qu'elle favorise, ou qu'elle renverse ses idées particulieres.

L'Ecrivain Sacré se sert ici d'*Abel Magnum*, pour faire allusion au châtiment terrible, qu'éprouverent alors les Bethsamites, à cause du peu de respect qu'ils avoient porté à l'Arche du Seigneur. Ce même lieu où se passa ce funeste événement, & où étoit la Pierre sur laquelle on avoit posé l'Arche, ainsi qu'il est dit aux Versets 14. 15. & 19. de ce Chapitre, devint mémorable par la mort d'un grand nombre d'Israélites. Comme c'est un usage assez fréquent dans l'Ecriture, de caractériser par quelque nom remarquable les endroits où s'étoit passé quelque grand évenement, est-il étonnant que l'Ecrivain Sacré passe sous silence le nom de Pierre, dont il venoit de faire mention, & y substitue un autre terme pour signifier avec plus d'énergie *un grand deuil, une grande affliction*, eu égard aux malheurs tout recents qui venoient d'affliger les Bethsamites. Ce sens paroît d'autant plus naturel que le P. De Carrières dont M. Rondet employe ici la Version, l'a parfaitement rendu, en retenant les propres termes de l'Original, & en les paraphrasant relativement à ce qui précede & à ce qui suit.

Il en est de ce passage du I. Livre des Rois, comme de quantité d'autres de l'Ancien Testament (1) : je ne vous en citerai, Monsieur, qu'un seul qui me paroît convenir à mon sujet. Il est dit au même Livre des Rois, VII. 12. ⹀ *Et il appella le nom de ce lieu Eben-Hezer*; c'est-à-dire *la Pierre du secours* : c'est comme si l'Auteur Sacré eût dit : —— " Tel
" est le nom qu'il (Samuel) donna à ce lieu, parce que
" ce fut-là que par le secours visible du Dieu des armées,
" ils (les Israélites) vinrent de triompher des Philistins (2) ".

(1) Voyez entre autres, Génes. L. 11. (2) Voy. *Salom. Deylingius, Observation. Sacrarum. part. V. pag. 103. seqq. edit. Lipsiæ 1748.*

Suivons les remarques de notre Censeur. M. Rondet dit en second lieu ———— " Que l'autre passage que le P. Fa-
" bricy rapporte du même Livre, Chapitre XVIII. vers. 17.
" (הנה בתי הגדולה מרב) *Ecce filiam meam Majo-*
" *rem Merob*, prouve encore moins (1) ". Faites attention,
Monsieur, à la raison bien singuliere qu'en donne le Censeur;
sûrement elle ne fait pas honneur, ni à sa critique, ni à son
savoir. " Mais, dit-il, dans l'Hébreu l'Adjectif se met
" toujours après son Substantif & jamais avant; ainsi ce *Ma-*
" *jor* appartient à *mea filia*, & non pas à *Merob*. Le Texte
" d'Ezechiel, XI. 46. (ואחותך הגדולה שמרון) & *So-*
" *ror tua Major Samaria*) de même, & par la même raison
" *Major* appartient à *Soror tua*, non à *Samaria* ".

Pour le coup M. Rondet est encore moins heureux que
par-tout ailleurs. Qu'il apprenne donc que, quand on veut
aquerir le droit de critiquer, il n'est point permis d'avoir
tort, sur-tout de l'avoir si lourdement.

A ce raisonnement pitoyable reconnoîtra-t-on un vrai
Hébraïsant, un vrai Interpréte de nos Livres Saints; en un
mot, le savant Editeur de la S. Bible, réimprimée à Avignon?
M. Rondet a donc peu consulté & nos Grammaires & nos Lexiques Hébreux ; il n'a donc jamais recouru au Texte Original de l'Ancien Testament ; ou du-moins sa mémoire, l'a ici
étrangement trompé. J'ai honte d'entrer en preuves pour le
lui faire sentir. Quoi ! Les Hébreux ne mettent jamais l'Adjectif avant un Substantif ? Belle découverte digne d'un
siécle éclairé ? Quand Isaïe, ce Prophéte si éloquent, a dit:
ואת־דכא ושפל־רוח . *Et cum contrito & humili spiritu*,
LVII. 15., auroit-il donc fait un solécisme ?

Que M. Rondet jette les yeux sur le seul Livre des
Pseaumes, il y découvrira une foule d'exemples qui montrent
le ridicule de son assertion qu'à-peine l'on excuseroit dans un
Ecolier qui ne connoîtroit que les premiers Elements de la
Langue Hébraïque. J'ouvre mon Pseautier : j'y lis = גדול
כבודו *Magna gloria ejus.* (Psal. Hebr. XXI. 6.) = גדול יהוה
Magnus Dominus, (Psal. Hebr. XLVIII. 2. & CXLV. 3.
CXLVII. 5.) = רבים עמים *Multi Populi*, (Psal. Hebr.
LXXXIX. 51.) = גדולים מעשי יהוה *Magna opera*

---

(1) *Loc. cit. Mois d'Août* 1773.

Domini (Pſal. Hebr. CXI. 2.) = קדוש ונורא שמו , *Sanctum & terribile Nomen ejus* (Pſal. CXI. 9.) = טוב איש , *Bonus vir* (Pſal. Hebr. CXII. 5.). C'en eſt bien aſſez pour convaincre tout Lecteur le moins inſtruit, que M. Rondet ne devroit guere ſe mêler d'Hébreu, & qu'il ne pouvoit plus mal choiſir que de s'attacher à cet endroit du Livre de l'Auteur pour en faire le ſujet de ſa critique.

Il eſt un quatrieme paſſage que le P. Fabricy avoit oppoſé à l'Auteur des *Nouveaux Eclairciſſemens &c.*, & que M. Rondet conſidere du même œil que ceux qui viennent de nous occuper. C'eſt un autre Texte d'Ezéchiel, XXIII. 4. qui porte = *Aholah Major & Aholibah* אהלה הגדולה ואהליבה. M. Rondet répond qu' " on y ſous-entend *Filia* " qui précede. Le P. Fabricy prétendroit-il qu'on ſous-entend " de même *Filius* entre ces deux mots *Japhet & Major*. " Mais ce mot *Filius* ne précede point; & le ſeul mot qui pré- " cede, & auquel on puiſſe faire rapporter ici *Major*, c'eſt " *Frater*. S'il y avoit eu deux hommes du nom de Japhet " on pourroit dire *Japhet Major*, pour déſigner l'Aîné; mais " comme il n'y a eu qu'un ſeul Japhet, le mot *Major* ne " peut alors ſe rapporter plus naturellement qu'au mot *Fra-* " *ter*, qui précede, & qui eſt relatif à Sem. *De Sem quoque*.... " *Fratre Japhet Majore* (1) ".

Quand on raiſonne de la ſorte, n'eſt-ce pas vouloir s'aveugler ſoi-même? Montrons le foible de ce raiſonnement peu digne de la bonne critique. Vous voulez d'abord, dirai-je au Cenſeur du P. Fabricy, que l'on doive ſous-entendre le mot de *Filia* qui précede: & bien, qu'y gagnerez-vous? Le mot *Major* ferat-il moins uni médiatement pour le ſens à Olla ou Aholah, comme on lit en Hébreu? Vous n'avancez donc pas davantage. Ainſi la preuve du ſavant Bénédictin n'eſt point fondée dans l'Ecriture. Quant à ce que vous ajoutez, il n'eſt pas néceſſaire qu'on ſous-entende le même mot de *Filius*; il n'eſt pas néceſſaire non plus de ſuppoſer deux hommes du nom de Japhet. Le P. Fabricy n'a point eu be-

---

(1) M. Rondet avoit dit à-peu-près la même choſe dans ſes Notes ſur cet endroit de la Géneſe. = *S. Bible. nouvelle édit. d'Avignon* 1767. Tom. I. pag. 696.

soin de tous ces détours : il s'est contenté d'examiner selon les loix de la saine critique & les régles communes de la Syntaxe Hébraïque, ce contexte de la Génese. Il y a vû que dans le dénombrement que l'on y donne (vers. 2. 6. 21.) de la postérité des enfants de Noé, Moyse nous fait remarquer à dessein le prémier rang que Japhet tenoit entre eux par sa naissance : il y a vû qu'en rapprochant encore ce passage d'un autre Texte du même Livre de Moyse, le mot *Haggadol* הגדול *Major*, ne pouvoit convenir mieux qu'à Japhet, avec lequel ce mot se trouve immédiatement construit ; ainsi que l'ont senti les LXX. Interprétes & Symmaque, en traduisant Ἀδελφῷ Ἰαφὲθ τοῦ μείζονος, ou τοῦ πρεσβύτου, *Fratre Japheti Majoris*, ou *Senioris*, *Frere de Japhet l'Ainé* ou *l'Ancien*. Je vous dirai de plus que si votre raisonnement avoit lieu, ne prouveroit-il pas contre votre propre hypothése ; puisqu'il vous faudroit supposer qu'il y avoit eu également deux personnages du nom de Sem ? Ce qui est absurde. Convenez donc de bonne foi que vos raisons ne sont rien moins que concluantes pour adjuger la Primogéniture à ce fils de Noé.

Aux différentes preuves qu'on vient de voir, le P. Fabricy en avoit ajoûté une autre qui est décisive en faveur de la Primogéniture de Japhet. C'est, disoit-il, que Noé devint Pere (Génes. V. 31.) étant âgé de 500. ans. Il en avoit 600., lorsqu'il entra dans l'Arche (*ibid*. VII. 11.). Deux ans après le Déluge, Sem âgé de 100. ans (*ibid*. XI. 10.) devint Pere d'Arphaxad ; par-conséquent les années que Noé avoit vécu jusqu'alors, devoient être de 602. ans. D'où il suit encore qu'à la naissance de Sem, Noé en avoit 502. Donc Japhet devoit être né deux ans avant que Sem vînt au Monde ; puisqu'il est dit expressément que Noé avoit engendré à l'âge de 500. ans. Voici comment M. Ronder entreprend de renverser cette preuve. " Elle paroît, dit-il, démonstrative aux
" yeux de ceux qui ne sachant pas calculer les années, ne s'ap-
" perçoivent pas que dans ce calcul ils font un double em-
" ploi en comptant une même année deux fois. Il étoit sim-
" plement dit que Noé avoit six cents ans, quand le Déluge
" inonda la Terre (Génes. VII. 6.). On pourroit croire que
" Noé avoit alors six cents ans accomplis ; mais plus loin
" (*ibid*. vers. 11.) il est dit que ce fût dans l'année six-cen-

« tième de sa vie : *Anno sexcentesimo vitæ Noe* ; il n'avoit
« donc pas six cents ans accomplis, mais il étoit dans sa six-
« centième année, donc la première année depuis le commen-
« cement du Déluge concouroit du-moins en partie avec l'an-
« née 600. de l'âge de Noé ; donc l'année suivante qui étoit
« la seconde depuis le commencement du Déluge, concour-
« roit avec l'an 601. de l'âge de Noé. Et en effet le Déluge
« ayant duré environ un an, il est dit que, lorsque les eaux se
« furent retirées, Noé étoit dans l'année six-cent-unieme de
« son âge (*ibid.* VIII. 13.) *Sexcentesimo primo anno*. Ma-
« intenant remontons à la naissance des fils de Noé. Il est dit
« simplement que Noé avoit cinq cents ans, quand il engen-
« dra Sem, Cham & Japhet. Il n'est pas que ce fut dans l'an-
« née cinq-centième de son âge, mais qu'il avoit alors cinq
« cents ans, *Cùm quingentorum esset annorum* ; il pouvoit
« donc avoir cinq cents ans accomplis ; il pouvoit donc être
« dans l'année 501. de son âge. Cela posé, son fils aîné ne
« dût avoir 100. ans accomplis que lorsque son Pere eut 600.
« ans accomplis, c'est-à-dire dans l'année 601. de son Pere,
« laquelle étoit la seconde depuis le Déluge commencé.
« Voilà donc le fils aîné de Noé qui n'a que cent ans accom-
« plis dans l'année 601. de l'âge de son Pere, seconde de-
« puis le Déluge commencé. Rien n'empêche donc que cet
« aîné ne soit Sem ; ainsi rien n'oblige de croire que notre
« Vulgate rende infidélement le Texte Hébreu : = *De Sem*
« *quoque .... Fratre Japheth, Majore*. Elle ne fait en cela
« qu'exprimer le sens naturel du Texte Hébreu qui ayant par-
« tout ailleurs montré Sem à la tête des trois fils de Noé, aver-
« tit qu'ici, quoiqu'il soit montré le dernier, il est néan-
« moins le frere aîné de Japhet qui dans cet unique endroit
« vient d'être nommé le premier (1) « .

L'équité exigeoit, Monsieur, que je ne vous fisse rien
perdre du raisonnement de M. Rondet. Mais il vous sera facile
d'appercevoir que ce n'est au fond qu'un pur paralogisme ; &
je le prouve. Je veux bien accorder que ces années dont parle Moyse dans les suites Généalogiques, ne furent point d'années toutes complettes. Moyse se sert de nombres ronds ;

(1) *Loc. cit. Mois d'Août* 1773.

par-là il évite une confusion qui auroit pu naître des fractions dans les nombres. Le P. Fabricy n'avoit pas besoin de faire cette observation, parce qu'elle étoit étrangere à son sujet, & en calculant les années en question, de la maniére qu'on l'a vû, il s'est conformé en cela au simple récit de Moyse. Supposons toutefois que l'on doive compter ici les années selon l'hypothése de M. Rondet, je veux dire qu'il faille les considerer comme incomplettes ; qu'en résultera-t-il ? ——— I. Noé se sera trouvé dans la cinq-centieme année non accomplie de son âge, quand il devint Pere. Cela est clair & ne devroit point été contesté. ——— II. Noé aura été âgé de cinq cents quatre-vingt-dix-neuf ans & quelques mois (1) lorsque le Dé-

(1) Je dis 599. années & quelques mois, non pas deux mois, parce qu'il ne paroit point que l'Epoque de Déluge date du XVII. du *Second Mois* de l'an 600. de la vie de Noé, ainsi qu'on le soutient dans les Tables Chronologiques (*1. part. I. Age*, Tom. *XIV. pag.* 10. *de la premiere Edition de la S. Bible*), & comme porte la Traduction Françoise du P. De Carrieres, adoptée par M. Rondet. Je sais que plusieurs Interprétes ont suivi cette opinion ; mais je croirois plus-tôt avec d'autres habiles Commentateurs, que Moyse a ici en vûe (Génes. VII. 11.) l'année courante qui concouroit avec l'an 1656. de la Création, selon le calcul communément reçu ; de sorte que le XVII. du *Second Mois* de ladite année est la date même de ce grand évenement à-jamais memorable.

C'est un sentiment très-fondé, suivi par de très-savants hommes, qu'avant le Deluge & long-tems après, l'année commençoit à l'Equinoxe d'Automne. Les Hébreux suivirent cet usage jusqu'au tems de leur sortie de l'Egypte ; ce qui arriva au Mois de *Nisan*, qui correspond en partie à nos mois de Mars & d'Avril. Ce fut alors que pour perpetuer la mémoire de leur délivrance de la servitude d'Egypte, ils firent commencer leur année par le même mois (Exode, XII. 2.) qui tomboit toujours vers l'Equinoxe du Printems ; & c'étoit leur année Ecclésiastique, qui régloit l'ordre des Fêtes, les Jeunes & tout le Culte Religieux. Les Hébreux retinrent cependant l'ancien usage pour tout ce qui avoit rapport aux affaires purement civiles ; ils datoient alors leur année du mois de *Tisri*, qui correspond en partie à notre mois de Septembre & d'Octobre, mais de maniere que ce même mois commençoit à l'Equinoxe d'Automne. C'est de-là que les Juifs datent encore leurs années de la Création ainsi que l'année de leur Ere, des Contrats, les deux seules Epoques qu'ils employent.

Ainsi le XVII. jour du *Second* mois, autrement *Marchesvan* ou *Bul*, qui concourt avec notre mois d'Octobre & de Novembre, aura dû tomber selon Usserius, au 7. de Décembre ; d'autres le mettent tantôt

luge commença. —— III. A la fin du Déluge qui dura près d'un an, Noé aura eu 601 années commencées = *sexcentesimo primo anno* (Génes. VIII. 13.). —— IV. L'an premier d'après le Déluge fini, nous trouverons Noé dans sa 602. année, & à l'an deuxième depuis la fin du Déluge, Noé aura 602. ans accomplis ou 603. déjà commencés. Voilà tout ce qui s'en suivra de cette maniere de calculer les années même incomplettes.

Je remonte maintenant à mon tour, à la naissance des fils de Noé. Mon calcul posé, rien ne m'insinue que ce Patriarche ait dû avoir cinq cents ans accomplis, ou qu'il ait pu être dans la 501. de son âge, quand il engendra; ainsi que le prétend M. Rondet. Il en est de ce nombre d'années, = *Cum quingentorum annorum esset*, בן־חמש־מאות שנה (Génes. V. 31.) comme de tous les autres dont se sert Moyse, en fixant l'Epoque du Déluge & de la naissance d'Arphaxad : = *Anno sexcentesimo vitæ Noe*, ou *Filius sexcentorum annorum*, selon l'Hébreu, בן־שש־מאות שנה (*ibid.* VII. 6.) ou בשנת שש־מאות שנה לחיי־נוח (*ibid.* vers. 11.) = *Biennio post Diluvium* (1) (*ibid.* XI. 10.) Les termes Hébreux qui expriment ici ces nombres d'années, ne peuvent être susceptibles que d'un seul & même sens; je veux dire que, si d'une part l'on considere ces nombres, comme ne désignant qu'un intervalle d'années incomplettes, il est manifeste qu'il faut en faire autant de l'autre, relativement aux années que Noé commença d'avoir des enfants. Et l'on ose défier le Critique de prouver le contraire avec tout son savoir Hébraïque. Ainsi le raisonnement de M. Rondet pêche d'abord par un vice qui s'y fait sentir au pre-

---

au commencement de Novembre, tantôt au 17. d'Octobre; M. Whiston le place au 28. de Novembre dans sa *Théorie de la Terre*.

En rapprochant les divers endroits des VII. & VIII. Chapitres du Livre de la Génese, l'on voit que Noé resta dans l'Arche une année & dix jours, suivant la maniere de compter de ces tems reculés, où il n'est question que d'années de mois Lunaires, ce qui revient, selon notre façon de calculer, à une année entiere ou 365. jours.

(1) שם בן מאת שנה ויולד את־ארפכשד שנתים אחר המבול, *Sem erat centum annorum, quando genuit Arphaxad, annis duobus post Diluvium*. Genes. XI. 10.

※ 38 ※

assez coup d'œil. Je dis plus : le calcul de l'Auteur donne deux années selon la maniere ordinaire de compter d'après le récit de Moyse au sujet de l'Epoque concernant la naissance du fils de Sem. L'on devroit même à la rigueur regarder ces mêmes années comme complettes. Dans la supputation qu'embrasse M. Rondet, il suppose sans le moindre fondement, que Sem seroit devenu Pere d'Arphaxad à l'an six cinq-centieme accompli de l'âge de Noé, ou l'an six cent-unieme & déjà commencé, la seconde année du Déluge (1), de sorte que Sem auroit été alors âgé de cent ans déjà finis : cela étant, l'on ne pourroit distinguer si l'année à-peine entiere qui resteroit dans ce calcul, appartiendroit à l'Epoque de la naissance de Sem ou de Japher.

Suivant cette méthode de compter, il est évident que M. Rondet nous enleve au-moins toute l'année presque entiere que dura le Déluge. Or comme ce calcul est visiblement arbitraire, & qu'il faut mettre nécessairement en compte l'espace de tems, qui se passa depuis le Déluge jusqu'à la fin de cet évenement mémorable ; qu'enfin il faut de plus compter ce qui reste des deux années après le Déluge fini (2), ce qui donneroit en tout près de trois années depuis le commencement du Déluge jusqu'au tems que Sem devint Pere d'Arphaxad ; il est prouvé que le raisonnement de M. Rondet porte entierement à faux. Il est prouvé que Noé ayant commencé d'engendrer à l'année cinq-centieme de son âge ; Arphaxad n'a pu naître qu'à l'an 602. de Noé ou à l'année centieme de l'âge de son Pere Sem. Donc Japhet a du naître à l'an cinq-centieme de Noé. Par-conséquent cette Primogéniture ne peut convenir qu'à Japhet. Quand même l'on ne compteroit l'intervalle des deux années

---

(1) On trouve le fond de cette hypothése dans le Commentaire d'Aben-Ezra sur cet endroit de la Génese. Voyez *Christoph. Carvvrigtus*, *Electa Thargumico-Rabbinica, sive Not. in eund. loc. Geneseos*, *Criticorum Sacr. Tom. I. edit. Amstelodam.* 1698.

(2) Le Déluge dura près d'un an ; & Noé, comme on l'a remarqué ci-dessus, resta dans l'Arche une année entiere. Pourquoi ne nous seroit-il pas permis de prendre ici à la rigueur l'expression de Moyse au sujet de l'Epoque de la naissance d'Arphaxad : שנתים אחר המבול , *Duobus annis (jam elapsis) definente Diluvio*, ou *biennio post Diluvium. L'espace de deux ans (déjà écoulés) après la fin du Déluge* ? Je ne veux point toutefois insister là-dessus, parce que le sentiment de l'Auteur n'a pas absolument besoin de cet appui.

en question, que depuis le Déluge commencé & que l'on, tiendroit ces mêmes années pour incomplettes ; il resteroit toujours au-moins une année & quelques mois, avant la naissance du fils de Sem. D'où il résulte que tout empêche de croire que Sem ait été l'Ainé de Noé.

Le P. Fabricy avoit donc raison de dire, Tom. II. pag. 405. suiv. Not., que " si Moyse met toujours Sem à la tête " des enfants de Noé, toutes les fois qu'il les nomme en- " semble, c'est que la véritable Religion devoit se perpé- " tuer dans la famille de ce Patriarche ; & c'est le grand & " unique objet du Livre de la Génese. Si le Législateur des " Hébreux y touche d'autres points d'Histoire, relatifs à ces " anciens temps ; s'il y marque le rang que les enfants de " Noé tenoient entre eux par leur naissance, ce n'est que " comme en passant &, pour ainsi dire, par hazard. L'Histoire " de la Religion est le seul point de vûe, sous lequel on doive " envisager cet Ecrit de Moyse ". En un mot, le Législateur des Hébreux s'attache principalement à nommer les Fondateurs du Peuple de Dieu dans la Postérité d'Adam, soit avant, soit après le Déluge.

Tel est le grand principe de solution dans toute cette controverse Chronologique. L'Auteur l'avoit inculqué avec toute la force possible ; M. Rondet n'a pas jugé à-propos d'y faire attention, parcequ'il est trop prévenu en faveur de la plûpart des hypothéses arbitraires du docte P. Houbigant ; & c'est cette prévention qui lui fait rejetter un sentiment le seul vrai, le seul fondé, qu'il avoit lui-même suivi dans sa première Edition de la S. Bible.

Que M. Rondet ne se flatte pas d'en imposer à un Lecteur éclairé & impartial, par ses déclamations vagues, qu'il accumule à-tort & à-travers contre la Critique du P. Fabricy. Ce ton sied peu à un véritable Savant. Ce n'est point avec de telles armes que l'on fera jamais triompher la vérité : elles peuvent éblouir un esprit superficiel, en imposer même au Public jusqu'à un certain point, mais l'illusion n'a qu'un tems : le jugement des Connoisseurs prévaudra tôt ou tard.

Je veux bien que l'on passe à un Censeur un certain, ton, sur-tout lorsque la raison est de son côté. Mais quand on fait tant que de critiquer un Auteur, quel qu'il foit. Il faut avoir en main de preuves & même de bonnes preuves, à lui opposer : il faut principalement être attentif à ne point donner la moindre prise à la Censure par les écarts où l'on tombe en l'exerçant contre cet Ecrivain, en un mot, ne jamais perdre de vûe ce sage avis d'un Ancien : ——— *Carere debet omni vitio, qui in alterum est dicere paratus.*

"Comme il est très-difficile, dit un homme d'esprit (1), "de faire un bon Ouvrage, & très-aisé de le critiquer, par-"ce que l'Auteur a eu tous les défilés à garder, & que le "Critique n'en a qu'un à forcer, il ne faut point que celui-"ci ait tort : & s'il arrivoit qu'il eût continuellement tort, "il seroit inexcusable".

Disons-le; tant s'en faut que l'Auteur n'ait consulté pour l'intelligence de cet endroit de la Génese, que les conjectures de son imagination, ainsi que son Censeur semble le lui reprocher, il n'a fait que rétablir une leçon que dictent le sens naturel d'un Texte primitif & toute la suite du contexte de Moyse. Il a eu pour appui les principes constants du style Hébreu & des Langues Orientales, enfin le témoignage des Versions Grecques des LXX. & de Symmaque. Que lui falloit-il davantage ? Devoit-il citer une foule d'excellents Interprétes de l'Ecriture qui ont été de son sentiment ? Il les auroit trouvé sans beaucoup de peine.

M. Rondet n'auroit-il donc emprunté que le langage d'une imagination qui égare, lorsqu'en 1750. il faisoit imprimer précisément tout le contraire (2) de ce qu'il soutient

---

(1) M. de Montesquieu, *Défense de l'Esprit des Loix, à laquelle on a joint quelques Eclaircissemens. Geneve* 1750. III. part. pag. 176. suiv.

(2) " Il faut ici remarquer, dit-il, que lorsque l'Ecriture dit " (Génes. VII. 31.) que *Noé étant âgé de cinq cens ans, engendra Sem,* " *Cham & Japhet,* il ne s'en suit pas que ces trois enfans de Noé soient " nés tous les trois dans la même année, ni que Sem soit l'aîné des " deux autres. L'Ecriture même nous apprend (Génes. XI. 10.) que " *deux ans après le Déluge, Sem n'avoit que cent ans.* Or Noé avoit " six cens ans, lorsque le Déluge arriva ; deux ans après le Déluge, " il avoit donc six cens deux ans : retranchez-en les cent ans de " l'âge de Sem, il s'ensuit que Noé avoit cinq cens deux ans lors-" qu'il engendra Sem. L'Ecriture nous dit aussi (Génes. IX. 24.) que ,, *Cham étoit le plus jeune des trois fils de Noé ;* d'où il suit que *Ja-* ,, *phet* étoit l'aîné ; & en effet il est nommé ainsi dans l'Hébreu au

ici ? Tant il est vrai que le préjugé séduit & aveugle aisément, tout Ecrivain qui se laisse entrainer par les fausses lueurs d'une hypothèse plausible. Pour n'être pas assez en garde contre l'illusion de la nouveauté, l'on considere certains systêmes comme tout autant de vérités démontrées. Les lumieres de la saine raison ne peuvent guere sur des esprits de cette trempe.

II. Reprenons les *Observations* du Critique sur un autre endroit de l'Ouvrage de l'Auteur. " Le P. Fabricy, dit
" M. Rondet, nous conduit au Chapitre XI. vers. 32. (de la
" Génese) où l'Hébreu comme la Vulgate dit que Tharé avoit
" deux cents cinq ans, lorsqu'il mourut à Haran, le P. Hou-
" bigant observe que le Texte Samaritain ne lui donne que
" cent quarante cinq ans, & que cette leçon s'accorde mieux
" avec ce qui précede & avec ce qui suit. Car au même Cha-
" pitre, vers. 26., il est dit que Tharé ayant vécu soixante
" & dix ans, engendra Abraham, Nachor & Aran; & dans
" le Chapitre suivant, verset 4. il est dit qu' Abraham
" n'avoit que soixante & quinze ans, quand il sortit de Ha-

" Chap. X. vers. 21. Car au lieu de ces mots que nous lisons dans la
" Vulgate : *De Sem..... Fratre Japhet, Majore*; c'est-à-dire, *De Sem*
" *frere aîné de Japhet* : l'Hébreu se peut traduire, *De Sem..... Fratre*
" *Japhet Majoris*, c'est-à-dire, *De Sem frere de Japhet son aîné*. Les Se-
" ptante & Symmaque l'ont entendu ainsi; & plusieurs savans Inter-
" prétes suivent ce dernier sens, qui, comme on vient de le voir, est
" appuyé sur le témoignage de l'Ecriture même, puisque par le té-
" moignage de l'Ecriture même il est prouvé I. que Japhet est le
" seul que Noé ait engendré étant âgé de cinq cens ans; 2. que Sem
" ne fut engendré que deux ans après; & 3. que Cham ne fut engen-
" dré qu'après les deux autres.
„ Sem, poursuit M. Rondet, est nommé avant Japhet son aîné,
" de même qu'ailleurs (Génes. XXV. 9. & I. Paralip. I. 28.) Isaac est
" nommé avant Ismaël, & (Jos. XXIV. 4.) Jacob avant Esaü : en
" cela l'Ecriture marque non l'ordre de la naissance, mais un ordre
" de grace selon lequel Sem, Isaac & Jacob furent préférés à Japhet,
" Ismaël & Esaü leurs aînés; car c'est dans la postérité de Seth (Li-
" sez *Sem*) que se perpétua la race sainte dépositaire des promesses
" du Seigneur; c'est de Seth (Lisez *Sem*) que descendirent Abraham,
" Isaac & Jacob qui furent les ancêtres de J. C. même selon la
" chair ". *Chronologie Sacrée*, premiere partie, I. âge, S. Bible, édit.
de Paris 1750. Tom. XIV. pag. 10. ⇒ *& ses Notes sur le Livre de la Gé-*
nes. Ch. V. 31. Tom. I. pag. 451. de la même édit.

« ran après la mort de son Pere : soixante & dix ans avant
« la naissance d'Abraham & soixante & quinze après, forment
« précisément les cent quarante cinq années que le Texte Sa-
« maritain donne à Tharé, lorsqu'il mourut. Le P. Houbi-
« gant préfere donc cette leçon qui concilie les deux Textes.
« Le P. Fabricy se range du côté de ceux qui défendant la
« leçon de l'Hébreu & de la Vulgate, soutiennent que Tha-
« ré avoit réellement deux cents cinq ans, lorsqu'il mourut,
« & en concluent qu'Abraham, quoique nommé le premier,
« n'étoit pas cependant l'aîné de ses freres, mais que Tharé
« avoit déjà cent trente ans, lorsqu'il mit au Monde Abraham.
« Le P. Houbigant observe, ainsi que Samuel Bochart, que la
« différence qui se trouve ici entre le Texte Hébreu & le Tex-
« te Samaritain ; a pu venir de ce que les Copistes ont pu fa-
« cilement confondre la lettre Hébraïque qui vaut 40. avec
« celle qui vaut 100., en sorte que répetant ainsi la lettre
« qui vaut cent, il en a résulté deux cents cinq au lieu de cent
« quarante cinq. Ce ne sont-là, dit le P. Fabricy, que de vai-
« nes conjectures. Mais en produit-il de meilleures ? Si ce
« n'est pas là l'origine de cette Variante, d'où vient-elle ? Se-
« roit-ce que le Copiste Samaritain auroit lui-même compté
« que 70. & 75. ne donnent pas 205., mais seulement cent
« quarante cinq ? Il en résulteroit qu'il auroit vû dans le Te-
« xte ce que tout Lecteur impartial y voit clairement, &
« qu'ainsi quand bien on supposeroit qu'il eût ainsi corrigé le
« Texte, il n'auroit fait que le ramener à la raison primitive,
« puisque c'est celle qui s'accorde le plus naturellement avec
« les deux autres Textes (1) ».

Arrêtons M. Rondet pour un instant. Le P. Fabricy
avoit d'abord discuté fort au-long dans son Ouvrage sur *les
Titres primitifs de la Révélation*, l'origine des Variantes entre les différents Textes & les Versions des Livres de l'Ancien
Testament. Après avoir posé là-dessus des principes lumineux, qui répandent un grand jour sur le Texte dont il
est question, ainsi que sur quantité d'autres passages de l'E-
criture ; après avoir disserté sur la cause des diversités de
leçons, l'Auteur avoit rapproché ces mêmes principes de

(1) *Journal Ecclésiastique de M. l'Abbé Dinouart, mois d'Août, ut
supra.*

ceux d'où sont partis les P. Morin, les Vossius, les Simon, les Whiston, les P. Houbigant & autres Critiques. Tout cela ne servoit que d'une espéce de Préliminaire pour en venir au fameux projet du Docteur Anglois le savant Kennicott qui depuis plusieurs années nous prépare une Edition de la Bible Hébraïque, collationnée avec les principaux Manuscrits Hébreux, connus en Europe. Parmi tous ces Littérateurs dont le P. Fabricy avoit examiné attentivement les hypothéses sur l'état présent du Texte Hébreu, il s'étoit attaché en particulier à ce que le P. Houbigant en a écrit dans ses doctes Prolégomenes sur la belle Edition de la Bible Hébraïque & dans quelques-unes des Notes qui y servent de Commentaire. L'Auteur avoit montré dans combien d'écarts le docte Oratorien s'est jetté au sujet des Variantes de l'Ecriture, pour avoir méconnu les véritables régles de critique. En traitant de vaine conjecture la raison que ce savant Pere de l'Oratoire a donnée de l'origine de cette diversité de leçon du Verset 32. Chap. XI. de la Génese, entre l'Exemplaire Hébreu des Juifs & celui des Samaritains, le P. Fabricy avoit dit qu'il falloit de tout autres preuves que celles que produisoit le P. Houbigant. Cet Hébraïsant prétendoit que l'erreur en question (d'une lettre pour une autre) étoit d'autant plus manifeste que dans les Manuscrits Allemands, la queue de la lettre *Koph* ק se trouvant raccourcie devient presque semblable au *Mem* מ (1); d'où il inféroit que les Hébreux se servirent anciennement de simples lettres numérales pour compter.

Le P. Fabricy avoit opposé à cette supposition du docte Oratorien : —— I. Que le Pentateuque des Juifs a toujours été copié avec une attention la plus scrupuleuse sur des Manuscrits des mieux conservés, parce que de tout temps le Culte public y fut intéressé : M. Rondet n'a rien dit dans ses remarques, qui puisse ébranler la certitude de cette proposition démontrée, pour ainsi dire, dans l'Ouvrage de l'Auteur. D'après cette preuve incontestable, pourra-t-on jamais se persuader, disoit le P. Fabricy, que l'Exemplaire Hébreu qui auroit perpétué cette prétendue erreur d'un *Koph* pour un *Mem*, eût été

---

(1) Voyez la Note de M. Rondet sur Génes. XI. 32. Il y répete à-peu-près ce qu'avoit dit le P. Houbigant ; mais sa conjecture n'en est pas mieux fondée. S. Bible, Tom. I. nouv. Edit. pag. 704. & 560.

écrit en Caracteres semblables à ceux des Juifs Allemands, & dont la figure ressent beaucoup la barbarie ? Les Manuscrits au contraire d'une bonne antiquité sont décrits en lettres grosses quarrées, communément appellées *Espagnoles* ; & il y a peu de Livres de l'Ancien Testament, qu'on se soit piqué de transcrire en Caracteres d'une plus belle forme que les Exemplaires des cinq Livres de Moyse. Ce qui donnoit beaucoup de poids à cette preuve, est que les Juifs Espagnols n'ont même jamais manqué de pareils Manuscrits sur lesquels nos premieres Editions ont été faites. Voilà une preuve de fait que M. Rondet n'ose contredire, & qui ruine de fond en comble la conjecture du P. Houbigant.—— II. Le P. Fabricy avoit renvoyé ici à la Note de la pag. 401. de son deuxieme Volume, où il fait voir que rien n'est plus frivole, rien n'est du-moins plus incertain que ce qu'assure le P. Houbigant, savoir, que les anciens Juifs s'étoient servis dans leurs Exemplaires des Ecrits Sacrés, de simples lettres pour exprimer le nombre d'années. A cela que répond encore M. Rondet ? Rien que nous sachions jusqu'à présent sans doute qu'il prépare à l'Auteur quelque réponse qu'il appuyera de raisons aux quelles il n'y aura plus à répliquer. Quoiqu'il en soit, ne faisons pas perdre davantage de vûe le passage de la Génese.

Je craindrois cependant de vous ennuyer, Monsieur, si je transcrivois tout-au-long ce que M. Rondet allegue ici contre le P. Fabricy. Il y suppose continuellement ce qui est en question. En un mot, toute sa belle preuve se réduit à dire que ce Texte doit être corrigé de la maniere qu'il le propose; & il ajoûte : —— " Le P. Fabricy pour défendre son opinion &
" renverser celle du P. Houbigant, répond que rien nous obli-
" ge (il a sans doute voulu dire *ne nous oblige*) de croire que
" Tharé ait eu Abraham, lorsqu'il n'étoit âgé que de 70.
" ans. Ce qui nous y oblige, poursuit M. Rondet, c'est
" que Moyse le dit expressément : = *Vixitque Tharé septua-*
" *ginta annis, & genuit Abram, Nachor & Aran* (XI. 16.) =
" le P. Fabricy suppose qu'Abraham est mis ici à la tête des
" enfants de Tharé, non à cause du rang qu'il tenoit par sa
" naissance, mais seulement eu égard aux prérogatives dont
" le Seigneur l'honora (1). Mais sur qui, réplique M. Ron-

――――――――――――――――――
(1) C'est précisément ce qu'avoit soutenu, entre autres, le savant Procope de Gaze, *Commentar. in Genes. XII. pag.* 115.

« der, tombera l'Epoque des 70. années, si ce n'est sur le
« Premier-né des trois ? Il n'y a qu'un intérêt de préjugé qui
« ait pu faire imaginer une interprétation aussi forcée ».

M. Rondet se forme des phantômes qui n'existent que dans son imagination ; il s'arrête à des minuties & n'approfondit rien. Il est incontestable que l'Epoque des 70. années tombe sur le Premier-né de Tharé. Mais M. Rondet ne prouve point, quoiqu'il le répete jusqu'à la fadeur, que cette Epoque est celle même de la naissance d'Abraham (1). L'Ecriture dit qu'à l'âge

---

(1). Voyez aussi la *Dissertation sur les deux premiers âges du Monde*, pag. 560. M. Rondet y a abandonné le sentiment qu'il avoit suivi dans la premiere Edition de la S. Bible. Une des principales raisons qui l'a déterminé à changer ainsi d'opinion ; c'est que « l'Auteur des *Nou-
« veaux Eclaircissemens sur le Pentateuque Samaritain* & le savant P. Hou-
« bigant ont très-judicieusement remarqué, nous dit-il, que dans un
« Chapitre où Moyse est précisément occupé du soin de marquer des
« époques, il est hors de toute vraisemblance qu'il ait prétendu
« marquer celle de la naissance d'Aran, qui n'interesse nullement la
« Chronologie ; & qu'il l'ait marquée de cette maniere équivoque,
« qui donne lieu de croire que l'époque qu'il fixe, est celle de la
« naissance d'Abraham, puisque quand il dit que *Tharé âgé de soi-
« xante & dix ans engendra Abram, Nachor & Aran*; il n'y a per-
« sonne qui ne croie que par-là il fixe l'époque de la naissance
« d'Abraham ».

Mais d'abord ne pourroit-on pas croire aussi que de la maniere dont Moyse s'exprime, paroît insinuer que Tharé avoit eu ses trois fils tout-à-la-fois ? Ce que je ne pense pas qu'on ose soutenir. Ainsi le raisonnement du Critique ne prouve rien. En second lieu, ce qu'il dit au sujet des Epoques que Moyse a en vûe de marquer dans ce Chapitre, ne prouve pas davantage, parce qu'il faut juger de tout ce que Moyse y rapporte, relativement au langage usité dans l'Ecriture, suivant lequel un ordre de grace est préferé à l'ordre de la naissance. Il est d'ailleurs très-faux que l'Epoque de la naissance d'Aran n'interesse point la Chronologie. Car à quoi bon l'Ecriture elle-même l'auroit-elle nommé ainsi que Nachor, si l'un & l'autre n'eussent point appartenu à la suite de l'Histoire Sainte ? Ne voyons-nous pas, par exemple, que les Epouses d'Isaac & de Jacob tiroient leur origine de la famille de Nachor (Génes. XXII. 23. ⹀ XXIII. 24. ⹀ XXIX. 5.10. suiv.) & que Lot étoit fils d'Aran (Génes. XI. 27. 31.) pere de Melcha qu'épousa Nachor, & de Jescha qui ne paroît être autre que Sara ou Saraï, ainsi que nous le ferons observer plus bas? Les Epoques de la naissance d'Aran & de Nachor interessoient par-conséquent la Chronologie de l'Ecriture, puisque Moyse en parle comme de deux personnages dont l'Histoire est essentiellement liée à la généalogie des familles Patriarchales, d'où sortoit le Peuple Hébreu.

« de 70. années, Tharé eut Abraham, Nachor & Aran. Mais, com-
« me il est certain, disoit le P. Fabricy, Tom. II. pag. 414. Not.
« que Tharé n'eut point tout-à-la fois ses trois fils : quoi de
« plus naturel que d'interpréter ce passage selon le stile ordi-
« naire de l'Ecriture » ? Cette même Ecriture ne dit-elle pas
ailleurs (1) que les enfants d'Abraham furent Isaac & Ismaël ?
que ceux d'Isaac furent Jacob & Esaü ? Conclurroit-on de-là
que ceux qu'on voit ici nommés les premiers, avoient été les
Aînés ? Il en est donc de ce passage de la Génese, comme de
celui que nous avons discuté plus haut au sujet de Sem, & de
quelques autres desquels l'on trouve de pareils exemples dans
nos Ecrits Sacrés. C'est aussi ce qu'avoit soutenu M. Rondet lui-
même dans le XIV. Tome de sa premiere Edition de la S. Bible
pag. 10. ainsi que je l'ai fait observer ci-dessus, pag. 41. Not.

Finissons. Il en est de cette naissance des trois fils de Tharé
comme de la naissance des trois fils de Noé. Je dirai donc d'après ce
que M. Rondet lui-même en avoit fait imprimer dans le XIV. Tome
de sa premiere Edition de la S. Bible (*Tables Chronologiques, pag. 9.*) ;
que « lorsque l'Ecriture dit (Génes. XI. 26.) que *Tharé ayant déja soi-*
« *xante & dix ans engendra Abram, Nachor & Aran*, il ne s'ensuit pas
« que ces trois enfans de Tharé soient nés dans la même année, ni
« qu'Abraham soit l'aîné des deux autres. L'Ecriture nous apprend
« (Génes. XI. 32.) que Tharé est mort à Haran, *étant âgé de deux*
« *cens cinq ans*, & qu'Abraham sortant de Haran après la mort de
« Tharé son Pere (Génes. XII. 4.) *n'avoit que soixante & quinze ans*,
« d'où il suit que Tharé avoit cent trente ans, lorsqu'il engendra
« Abraham. L'Ecriture nous apprend aussi (Génes. XI. 29.) que Na-
« chor fils de Tharé épousa Melcha fille d'Aran son frere ; ce qui
« donne lieu de croire que Nachor étoit plus jeune qu'Aran, d'où
« il suit, qu'Aran étoit l'aîné de Nachor & d'Abraham, & que ce
« fut lui qui nâquit lorsque Tharé son Pere étoit à l'âge de soixante
« & dix ans. Nachor paroît être le second & Abraham le troisième.
« Le premier rang donné à Abraham n'est donc pas un privilége de
« son âge, mais un privilége fondé sur ce qu'il est devenu plus re-
« commandable & plus distingué dans l'Histoire Sainte. De même
« aussi Nachor est nommé entre Abraham & Aran, parce que dans
« l'Histoire Sainte il tient un rang moins distingué qu'Abraham,
« mais plus distingué qu'Aran ; car la famille d'Aran n'est connue que
« par Lot son fils ; mais de Nachor descendoit Rebecca (Génes. XXIV.
« 24.) qui entra dans la famille d'Abraham en devenant épouse
« d'Isaac, & Laban (Génes. XXVIII. 2.) pere de Rachel & de
« Lia qui devinrent épouses de Jacob ». *Voyez aussi le* I. *Tome de la
même Edition, sur Génes.* XI. 26. *pag.* 476. *&* 478.

(1) *Génes.* XXV. 9. ⇒ *Josué,* XXIV. 4. ⇒ I. *Paralipomen.* I. 28. 34.

Mais par une prévention qu'on ne sait guere comment caractériser, il retracte ici tout ce qu'il en avoit dit de judicieux. Il est à croire que dans les Tables Chronologiques pour servir à l'intelligence des Livres Sacrés soit Historiques, soit Prophétiques, qu'il fera peut-être reparoître dans le dernier Volume de la nouvelle Edition de la S. Bible, il appuyera d'excellentes preuves les motifs qui lui ont fait changer de sentiment. Il y prouvera sans doute beaucoup mieux qu'on ne l'a vû, que son premier sentiment étoit absolument faux, que ce n'étoit enfin *qu'un intérêt de préjugé* qui le lui avoit fait embrasser.

Sans détailler davantage les différentes preuves de l'Auteur, & que M. Rondet ne produit que d'une maniere assez superficielle; je vais, Monsieur, vous en apporter une que le Critique a entiérement déguisée ici comme ailleurs (1), parce qu'elle étoit probablement embarrassante. Tout ce que les Interprétes & quelques Ecrivains, tel, par exemple, que le P. Gillet, Bibliothécaire de S. Génevieve (2), ont dit là-dessus, en adoptant l'opinion que M. Rondet a suivie dans ses *Observations*, ne satisfait en aucune maniere. C'est cependant de la même preuve que dépend tout le dénouement de cette discussion Chronologique. Mais pour sentir toute la force de cette preuve de l'Auteur, & combien il étoit nécessaire d'y recourir, il faut, Monsieur, absolument vous mettre sous les yeux sur quel fondement elle porte.

Il est dit aux Actes des Apôtres, Chap. VII. 4. qu'Abraham reçut ordre de sortir du pays des Chaldéens; qu'il alla ensuite demeurer à Charan, que de-là après la mort de son Pere, Dieu le fit passer en Chanaan. Si Abraham est né l'an soixante & dix de son Pere, comme le prétend M. Rondet avec le P. Morin, le P. Houbigant & quelques Critiques; & si à la mort de son Pere Tharé, Abraham étoit dans la soixante & quinzieme année de son âge, ainsi que Moyse nous le certifie; il est manifeste que tout le tems qu'aura vécu Tharé, ne sera que de 145. années. Joignons en effet les 70. du Pere & les

---

(1). *Dissert. sur les deux âges du Monde*, loc. cit. Il a tû la même preuve dans la Chronologie Sacrée, 1. Part. I. Age, Tom. XIV. pag. 18. suiv. de sa premiere Edition de la S. Bible, Paris 1750.

(2) *Nouvelle Traduction de l'Historien Joseph, faite sur le Grec, avec des Notes Critiques &c.* Tom. I, Paris 1756. Remarque VIII. pag. 145. suiv.

75. du Fils. Il résultera de ces deux sommes partielles la somme totale de cent quarante cinq ans, ainsi que porte le Texte Hébreu-Samaritain. Si au contraire, l'on soutient que Tharé a vécu 205. ans, comme Moyse le dit en termes formels, Génes. XI. 32. d'après le Texte primitif Hébreu des Juifs & toutes les Versions Grecques, Latines, & Orientales ; il est démontré qu'Abraham n'aura pu naître l'an 70. de Tharé. Donc il n'a pu en être l'Aîné. Donc il faudra placer sa naissance long-tems après, je veux dire vers l'an 130. de Tharé (1). Dès lors Abraham se trouvant âgé de 75. années après la mort de son Pere, la somme totale de l'âge de Tharé aura été de 205. ans.

En voici la raison que M. Rondet n'a pas assez sentie. Le Texte Hébreu, qui donne 205. années de vie à Tharé, ne peut en aucune manière se concilier avec le Texte des Actes des Apôtres, que nous avons cité ; si lorsqu'Abraham vint en Chanaan après la mort de son Pere Tharé, il n'avoit que 75. ans.

C'est cette considération à laquelle on ne peut être trop attentif, qui avoit obligé le P. Fabricy à soutenir qu'Abraham ne pouvoit être l'Aîné de Tharé : par-là il mettoit à l'abri des insultes des Incrédules deux Textes infiniment respectables, tels que ceux de Moyse & des Actes des Apôtres. Ainsi concluoit-il, Tom. II. pag. 415. suiv. Not. " rien ne
" répugne à dire qu'Abraham ne vînt au Monde qu'à l'an
" 130. de Tharé ; & c'est le sentiment le plus reçu parmi
" les Interprétes. Si à ces 130. années vous ajoutez les 75.
" autres qu'avoit vécu Abraham, lorsqu'il se retira en Cha-
" naan après la mort de son Pere, vous aurez précisément la
" somme de 205. ans que l'Ecriture donne de vie à Tharé.
Par cette explication qui concilie tout, qui répond à tout, l'Auteur montroit contre un trop fameux Ecrivain de nos jours, M. de Voltaire (2), que, s'il eût examiné de bonne foi

(1) Voyez Procopius, loc. cit. pag. 114.
(2) Nouveaux Mélanges Philosophiques, &c. I. part. pag. 77. Voici les paroles de ce faux Sage. " La Génese dit qu'Abraham sortit de Haran
" âgé de soixante & quinze ans, après la mort de son Pere. Mais
" la même Génese dit que Tharé son Pere l'ayant engendré à soixan-
" te dix ans, vécut jusques à deux cens cinq ans. Ainsi Abraham
" avoit cent trente cinq, quand il quitta la Chaldée ". Il répete la même difficulté dans son *Dictionnaire Philosophique*, Article *Abraham*.

cette partie historique de nos Livres Saints, par les mêmes règles qui nous conduisent dans la critique des autres Histoires, il n'eût point trouvé Moyse en contradiction avec ce que cet Auteur sacré écrit ailleurs, ni avec ce que S. Etienne dit dans les Actes des Apôtres : il eût parlé avec plus de décence des actions du S. Patriarche des anciens Hébreux.

Est-ce donc là un *intérêt de préjugé* ? ainsi que M. Rondet le fait envisager, pour rendre odieuse la critique du P. Fabricy. Quoi ? un Auteur est blâmable d'adopter une interprétation fondée sur la lettre du Texte & qui venge si bien nos Ecrits Sacrés des vaines attaques des Libertins ! Tout Lecteur impartial sentira la futilité & l'injustice de ce reproche. Ce même Lecteur ne pourra que se récrier contre la critique hardie & peu réfléchie de M. Rondet qui sacrifie à une opinion très-indifférente en elle-même, à un calcul de nul intérêt, à un calcul visiblement altéré, tel qu'est celui du Texte Samaritain, interpolé en cent endroits ; qui lui sacrifie, dis-je, l'intégrité d'un Texte primitif Hébreu, ainsi que des Versions Grecques, Latines & Orientales, qui toutes donnent constamment à Tharé deux cents cinq années de vie.

Est-ce donc là, je le dis encore, ce respect, cette vénération que le Censeur affecte tant de témoigner pour notre Vulgate-Latine. Osera-t-il désormais opposer cette même Version aux sages réflexions de l'Auteur, dont les travaux n'ont eu d'autres vûes que de refréner la témérité de tous ces Critiques présomptueux, qui exposent nos Livres Saints aux railleries des Incrédules, par leur ardeur à en multiplier les prétendues fautes de Copistes ?

Tel est le dénouement que le docte Oratorien & ses Partisans trouvent aux difficultés qui les arrêtent dans l'intelligence de certains passages obscurs & difficiles, où tout est ce-

---

La réponse de l'Auteur satisfait pleinement à cette vaine objection, ainsi qu'à celle de R. Isaac dans son חזוק אמונה *Kizzouk Emounah*, ou *Munimen fidei*, part. I. cap. XIV. & part. II. cap. LXI. qui y prétend prouver que ce passage de la Génese contredit celui des Actes des Apôtres. Voyez *Jacobus Gussetius*, *Jesu Christi Evangelique veritas salutifera demonstrata in confutatione Libri Kizzouk Emounah*. Edit. *Amstelodam*. pag. 333. & 415. = *Dictionnaire Philosophique de la Religion*, par l'Auteur *des Erreurs de Voltaire*, Tom. II. art. *Ecriture Sainte*, §. XX.

D

pendant lié, harmonieux & suivi dans toutes ses parties. On les voit à chaque instant recourir à de prétendues erreurs, ne se faire aucun scrupule de culbuter, pour ainsi dire, en entier un Texte qui ne peut & ne doit être regardé qu'avec la vénération la plus profonde & le respect le plus religieux. Sentent-ils les suites funestes de leurs téméraires entreprises, eux dont le système ne tend pas moins qu'à bouleverser tout le dépôt de notre Foi!

Que n'eût pas dit M. Rondet, si, outre l'autorité du Texte Hébreu, il avoit eu en sa faveur les Versions Grecques, Latines & Chaldéennes ainsi que les Versions Persanne, Arabe & Syriaque, enfin le témoignage de Josephe & d'autres? Quel triomphe n'eût-ce point été pour ce Censeur qui cite avec complaisance ces Versions, quoique d'ailleurs elles contredisent la plû-part du tems ses idées singulieres? Qand on écrit de la sorte, il s'en faut bien que l'amour seul de la vérité soit l'unique objet de nos recherches.

La critique de M. Rondet n'est donc pas raisonnable. Le sera-t-elle davantage dans ce qu'il trouve à reprendre au sujet de Sara que l'Auteur avoit soupçonné être fille d'Aran, ou la même que Jescha dont parle Moyse (Génes. XI. 29.) J'avoue que l'on ne peut présenter là-dessus, que des conjectures. Le P. Fabricy n'a pas donné ce sentiment pour une démonstration complette; mais l'opinion contraire ne l'est pas non plus. Paroît-il cependant probable que Moyse nous eût laissé entièrement ignorer quelle étoit l'origine de l'épouse d'Abraham, puisqu'il entre dans d'autres détails bien moins essentiels touchant la famille & les Ancêtres de ce Patriarche? Or, en disant avec l'Historien Josephe (1), S. Jérôme (2) & grand nombre d'Interprétes, que Jescha est la même que Sara, on voit qu'elle appartenoit à la famille de Tharé, du côté de son fils Aran dont elle étoit fille.

Ce sentiment répand beaucoup de lumieres sur ces paroles d'Abraham à Abimelech : —— *Vere soror mea est, fi-*

---

(1) Il appelle Sara fille d'Aran ; *Antiquit. Jud. Lib. I. cap. VI. édit. Amstelod.* 1726. *curante Havercampio*, pag. 27.

(2) *Quæstion. Hebr. in Genes.* edit. *Parif.* 1699. Tom. II. col. 517. seq. = Vid. & *Augustin. de Civit. Dei lib. XVI. cap.* 19. & *lib. contra Faustum, XXII. cap.* 35.

lia Patris meæ , & non filia Matris meæ . = Elle est véritablement ma sœur, étant fille de mon Pere (Génese, XX. 12.) (1). Cela montre aussi que l'Incrédule (2) fait un abus bien manifeste de ce passage de nos Saints Livres, quand il ose avancer qu'Abraham avoit dit un mensonge au petit Roi de Gerare, en s'exprimant de la sorte ; Aran & Abraham , quoique tous deux fils de Tharé, étoient cependant nés de deux meres différentes . Si Abraham , Génes. XIII. 8., donna le nom de *Frere* à Lot son Neveu , fils d'Aran & frere de Jescha ou de Sara ; pourquoi ne put-il pas donner le nom de sœur à Sara, quoiqu'elle fût sa propre femme , mais qui étoit en même-tems sa Niéce du côté d'Aran son frere & pere de Lot ?

Cette maniere d'expliquer le passage en question de la Génese , relativement à ce que le P. Fabricy avoit dit au sujet de JESCHA , prouve que M. Rondet n'a critiqué ici l'Auteur que par la seule envie de le contredire . Quoique M. Rondet eût dit dans une de ses Notes (3) , que le témoignage de Josephe ne suffit pas pour assûrer que Sara fût la même que Jescha fille d'Aran ; néanmoins de la façon qu'il s'exprime plus bas , il est clair qu'il ne goûte guere l'opinion contraire. En effet dans sa Note (4) sur le Chap. XX. vers. 12. de la Génese, il commence d'abord par exposer le sentiment que le P. Fabricy avoit soutenu d'après les trois anciens Ecrivains, que je viens de citer; il dit ensuite ── " D'autres pensent que
" si Abraham eût voulu dire cela, il eût simplement dit : el-
" le est ma sœur, parce qu'elle est fille de mon frere. Et ils
" croient qu'il eût été inutile alors d'ajouter qu'elle n'étoit
" pas fille de sa mere. Mais dans ce cas-là même il auroit pu
" l'ajouter pour dire qu'elle descendoit du même pere &
" non de la même mere. Car s'il a pu épouser sa sœur née
" d'une autre mere , à plus forte raison aura-t-il pu épou-

---
(1) Voyez aussi Génese , XII. 13.
(2) M. De Voltaire , *Dictionnaire Philosophique* , Art. *Abraham*, & ailleurs où il répete la même absurdité.
(3) Sur le Chap. XI. ver. 26. de la Génese , *Tom. I. de la S. Bible* , édit. d'Avignon. pag. 703.
(4) Ibid. pag. 749. Voyez aussi sa Note sur le Chap. XII. 13. de la Génese, où il renvoye à celle-ci , & le I. Tome de la I. Edition de la même Bible , sur cet endroit de la Génese , pag. 480. & 515.

" fer fa Niéce iſſue d'une autre mere. Et en ſuppoſant mê-
" me qu'elle eût été ainſi fille de ſon frere, il a dû dire qu'
" elle étoit *fille de ſon pere*, parce qu'il s'agit d'expliquer
" comment elle étoit *ſa ſœur*, & que les Hébreux ne di-
" ſtinguant point entre *fille* & *petite fille*; celle que nous ap-
" pellerions *petite fille de ſon pere*, étoit véritablement ſe-
" lon le Langage des Hébreux, *fille de ſon pere*, c'eſt-à-di-
" re, iſſue de ſon pere ". D'ou il paroit manifeſtement que
M. Rondet eſt peu ferme dans ſes opinions; qu'il nie & qu'il
affirme la même choſe ſans d'autres raiſons que ſon bon plaiſir.
Quant au témoignage de Joſephe, je ne vois rien qui empêche de dire que cet Hiſtorien avoit ſuivi quelque ancienne
Tradition; car telle a été auſſi l'opinion des anciens Juifs,
comme on le voit par la Paraphraſe de Jonathan (1) fils
d'Uziel: opinion que tiennent même pluſieurs Ecrivains de
cette Nation (2). D'ailleurs en ſoutenant que Jeſcha n'eſt
pas la même que Sara, il eſt impoſſible de comprendre d'où
celle-ci étoit iſſue, & l'on ne voit pas le motif pour quoi Moyſe auroit dit qu'Aran avoit donné naiſſance à Jeſcha. Rien
n'eſt donc plus raiſonnable que de nous en tenir au ſentiment
de l'Auteur.

 Je laiſſe cette diſcuſſion qui devient importante; elle
peut ſervir à repouſſer les vaines attaques de nos prétendus
Sages du ſiécle, parce que c'eſt ſans raiſon comme ſans décence
qu'ils s'efforcent de jetter un ridicule ſur nos Livres divins.

 Venons à un autre point dépendant du ſujet. Le P. Fabricy avoit dit que Nachor devoit être l'Aîné de Tharé; du
moins c'eſt ainſi qu'il s'exprime au Tom. II. pag. 415. Not.
de ſon Ouvrage. Mais il eſt évident qu'il y a ici une faute
d'Impreſſion, comme le prouve tout ce qui précede du raiſonnement de l'Auteur. Et M. Rondet remarque très-bien
que notre Ecrivain auroit dû dire ARAN au lieu de NACHOR.

 Vous voyez, Monſieur, que mon attachement pour le
P. Fabricy ne me fait point adopter à l'aveugle tout ce qu'il
a écrit. Soyez perſuadé que je ſerai le premier à ne point
l'épargner toutes les fois que ſon Ouvrage m'offrira quelque

---

 (1) יִסְכָּה הִיא שָׂרָי׃ *Iſcha eſt* SARAI.
 (2) *Voyez Chriſtoph. Cartwrigtus Electa Thargumico - Rabbinica, five
Annotationes in Geneſim. Critic. Sacr. Tom. I. pag. 342.*

chose de repréhensible. Si j'ai entrepris de défendre ses sentiments contre les reproches de M. Rondet, c'est que les *Observations* du Censeur portent presque toujours à faux: il est bien facile de s'en appercevoir. Je suis même un peu étonné que M. Rondet qui est si minutieux dans sa critique, qui épie tout, jusqu'aux fautes d'Impression, ait manqué d'en observer une dans la Note même qui fait l'objet de sa critique. Cette faute qu'on a oublié de corriger, est bien sensible à la page 417., où au lieu d'*Arphaxad* il faut mettre *Salé*, ou dire = *ait eu avant lui quelques autres enfants mâles &c.* Le seul sens de la phrase dicte qu'on doit lire ainsi. Peut-être direz-vous, Monsieur, que ce sont-là des bagatelles, car l'on voit bien ce que l'Auteur avoit en vûe; mais elles n'en sont pas moins des fautes qui peuvent dérouter un Lecteur peu instruit dans ces matières. Ainsi je me persuade que l'Auteur me saura bon gré qu'on lui corrige ici ces sortes d'inadvertances, puisqu'il m'en a fait remarquer lui-même une qu'il a commise touchant le nombre des Exemplaires que l'on connoît jusqu'à présent, de la belle Bible Hébraïque d'Abraham ben Chaïm. Outre les quatre Exemplaires de cette Bible extrêmément rare, desquels l'Auteur fait mention, Tom. II. pag, 384. Not., la Bibliothéque Impériale de Vienne (1) en possede un autre, ainsi que le savant P. Gazzaniga Dominicain, Docteur & Professeur de Théologie dans l'Université de cette Ville, en a averti le P. Fabricy dans une belle Lettre qu'il lui a écrite au sujet de son Ouvrage.

Je pourrois de plus vous faire observer dans le Discours Préliminaire de l'Auteur, pag. 136. Not., une autre négligence que quelque Critique facheux ne manquera pas de reprendre peut-être avec aigreur, & où au lieu de *Dédicace du Temple*, il faut lire *Dédicace du Tabernacle*. Mais ce n'est-là qu'une de ces fautes qui méritent à-peine qu'on s'y arrête. J'en dis autant de quelques autres d'assez peu d'importance, qu'on auroit dû corriger dans les ERRATA pour les deux Volumes. Il n'est pas à craindre qu'un véri-

(1) Voyez, *Philipp. Jacob. Lambacher, Bibliotheca Antiqua Vindibonensis Civica, part. I. Viennæ Austriæ 1750. in-4. pag. 2. Not. a.*

table Savant faſſe jamais, de pareilles erreurs, le ſujet de ſa critique. Aſſez riche de ſon propre fond pour ſuppléer de lui-même à des mépriſes de cette nature, il auroit une eſpéce de honte de les relever ſur-tout dans un Ouvrage qui deviendroit intéreſſant par les grandes matieres qu'on y traite. Un homme de goût & éclairé s'en tient là-deſſus au ſage conſeil d'Horace (1):

—————— —————— —————— —————— Non ego paucis
Offendar maculis, quas aut incuria fudit,
Aut humana parum cavit natura.

Ne faiſons donc aucun cas, Monſieur, d'une certaine claſſe de prétendus Littérateurs, dont tout le mérite ne conſiſte que dans une pédagogie qui fait rougir les Lettres & les dégrade. N'ayons pas plus d'égards pour ces Critiques chagrins & inquiets qui ne pardonnent rien & reprennent ſans ceſſe (2). Il eſt peu de productions Littéraires, qui

---

(1) De Arte Poet. verſ. 351. ſeq.

(2) Que l'on me permette d'en produire ici un exemple pour la juſtification de l'Auteur. Je connois un de ces Critiques, qui, à la vérité, a quelque eſprit & quelque ſavoir, mais un eſprit, un ſavoir, qui ne s'arrête d'ordinaire qu'à la ſuperficie des choſes. Je ſais qu'il s'eſt beaucoup récrié entre autres contre l'explication que le P. Fabricy a donnée d'un paſſage d'Amos V. 25.... dans ſon Diſcours Prélimin. pag. 135. Not. Cependant cette interprétation qui dépend toute du ſens des deux particules Hébraïque & Grecque ה & μὴ, eſt aſſurément conforme à l'Analogie de ces deux Langues. Quant à la derniere, ſans recourir aux Budée, aux Trommius, aux Etienne & à d'autres Savants très-verſés dans la Littérature Grecque, le ſeul Tréſor de la Langue Latine de Robert Etienne, au mot NONNE (ἆ, γὰρ, μῶν, μὴ) juſtifie victorieuſement notre Ecrivain.

Pour ce qui concerne la particule Hébraïque ה He, il eſt inconteſtable que l'Ecriture fournit pluſieurs paſſages où elle a effectivement la force de l'interrogation affirmative, d'où naît ſouvent un ſens négatif. Ainſi l'Auteur étoit fondé en traduiſant ce paſſage:
—————— Ne m'avez-vous pas offert des Sacrifices & des Oblations dans le Déſert? &c. Quand même tous ces exemples qu'apporte le P. Fabricy pour appuyer ſon explication, ne ſeroient point tels qu'il le ſoutient; "il "ſuffit néanmoins, comme l'obſervent les doctes Auteurs du Journal "des Sçavans, Décembre 1773. I. Volume pag. 773. édit. in-4. de Paris, "où ils donnent une analyſe de cet Ouvrage du Dominicain, que "quelques-uns de ces paſſages lui ſoient favorables, pour rendre pro-"bable l'explication qu'il préſente du Texte du Prophéte Amos".
NOTE DE L'ÉDITEUR.

échappent à leur Cenſure ; quoiqu'ils admirent ſouvent en ſécret ce qu'ils ont intérêt de condamner en public. Toujours plus ſatisfaits de déterrer une faute à reprendre, que portés à louer ce qui eſt digne de l'être, ils ſont préciſement ce qu'en écrivoit un de vos premiers Poétes (1) :

Plus enclins à blâmer que ſçavans à bien faire.

Pardonnez, Monſieur, cette digreſſion : elle m'a paru néceſſaire, parce que je la devois à la vérité. Je vais ſuivre M. Rondet, en revenant au paſſage de la Géneſe. C'eſt encore ſans raiſon qu'il critique l'Auteur au ſujet d'une autre objection que celui-ci s'étoit faire d'après le P. Houbigant. Ce docte Oratorien prétendoit que ſi Tharé eût eu 130. années, quand il devint Pere, Abraham n'auroit pas eu raiſon de dire en parlant de lui même : ═ *Un homme de cent ans aura-t-il donc un fils* (Géneſ. XVII. 17.) ? " On lui auroit " répondu : votre Pere en avoit cent trente , lorſqu'il vous " a mis au Monde. On ne peut être ſurpris, dit le P. Fa- " bricy, qu'une telle inſtance ait fait impreſſion ſur le P. Hou- " bigant. Abraham diſoit cela plûtôt à cauſe de la ſtérilité " & du grand âge de Sara, qu'eu égard à ſa propre vieil- " leſſe. C'eſt la réponſe du P. Fabricy. Mais, ajoute M. Ron- " det, ce qui ſurprend, c'eſt qu'une telle inſtance ait fait ſi " peu d'impreſſion ſur le P. Fabricy, & qu'il ait cru pou- " voir y ſatisfaire par une réponſe priſe hors du ſujet. Quoi- " qu'Abraham parle de ſon âge à cauſe de la ſtérilité de Sa- " ra ; à qui le perſuadera-t-on (2) ? "

Avouez, Monſieur, que le Critique compte trop ſur la crédulité de ſon Lecteur. Si M. Rondet ſe défioit un peu plus de ſes lumieres ; ce même endroit qu'il critique du Livre de l'Auteur lui auroit montré que la réponſe que donne ici le P. Fabricy, eſt celle même que S. Auguſtin inſinue dans ſon XVI. Livre *De la Cité de Dieu*, Chap. XXVIII. (3). Eſt-il

_____

(1) *L'illuſtre Boileau*, à la fin de ſon *Art Poétique*. Quoique ce très-ſavant homme diſe par modeſtie cela de lui-même ; rien n'empeche qu'on ne puiſſe, ſans craindre d'être démenti, l'appliquer à ceux des Critiques dédaigneux, qu'on a ici eu vûe.

(2) *Loc. cit. Mois d'Août* 1773.

(3) En voici le paſſage que je voudrois pouvoir abréger.────*Scriptum eſt in Epiſtola ad Hebræos* (XI. 11.): *Fide & ipſa Sara virtutem*

donc surprennant que l'instance du docte Oratorien ait fait si peu d' impression sur le R. P. Fabricy, qu'il s'en soit tenu à une réponse bien simple, que lui suggéroit S. Augustin qu'il allégue à la même page de son Ouvrage ? En vérité, il faut être étrangement prévenu, quand on ose blâmer de pareilles réponses. Il reste donc prouvé que la critique de M. Rondet n'est point équitable. Qu'elle pêche sur-tout par une partialité qui révolte. J'espere de vous faire voir, Monsieur, que le reste de sa critique contre l' Ouvrage de l'Auteur est également injuste. Ma Lettre est assez longue ; aussi je me hâte de la terminer en vous renouvellant les sentimens inviolables de ma sincere gratitude.

J'ai l'honneur d'être avec respect,

MONSIEUR,

A Rome, 10. Septembre 1773.

Votre très-humble & très-obéissant serviteur,
P. A. ROMAIN.

accepit ad emissionem seminis. *Ambo autem senes erant, sicut Scriptura testatur : sed illa etiam sterilis & cruore menstruo jam destituta, propter quod jam parere non posset, etiamsi sterilis non fuisset. Porro si fœmina ita sit provectioris ætatis, ut ei solita mulierum adhuc fluant, de juvene parere potest : de seniore non potest : quamvis adhuc possit ille senior, sed de adolescentula gignere : sicut Abraham post mortem Saræ de Cethura potuit, quia vividam ejus invenit ætatem. Hoc ergo est quod mirum commendat Apostolus, & ad hoc dicit Abrahæ jam fuisse,* Corpus emortuum (ad Rom. IV. 19.) : *Quoniam non ex omni fœmina, cui esset adhuc aliquod pariendi tempus extremum, generare ipse in illa ætate adhuc posset. Ad aliquid enim emortuum corpus ejus intelligere debemus, non ad omnia. Nam si ad omnia, non jam senectus vivi, sed cadaver est mortui. Quamvis etiam sic solvi soleat ista quæstio, quod de Cethura postea genuit Abraham : quia gignendi donum quod a Domino accepit, etiam post obitum mansit uxoris. Sed propterea mihi videtur illa quam secuti sumus hujus quæstionis solutio præferenda ; quia centenarius quidem senex, sed temporis nostri, de nulla potest fœmina gignere : non tunc quando adhuc tamdiu vivebant, ut centum anni nondum facerent hominem decrepitæ senectutis.* Augustinus, Oper. Tom. VII. edit. supra cit. col. 414. seq — Confer. & Leonardi Coquæi Comment. in eund. locum, edit. Lugdun. 1664. Tom. V. Oper. ejusd. Sancti, pag. 533. seq. ——— *& alii.*

TROISIEME LETTRE.

Monsieur,

ES deux Lettres que j'ai eu l'honneur de vous écrire touchant les *Observations* de M. Rondet touchant l'Ouvrage du P. Fabricy n'ont eu en vûe que des époques relatives à la Chronologie des premiers tems. Il ne s'agira déformais que de quelques diverfités de Leçons, analogues à tout autre objet, fur lefquelles M. Rondet avoit d'abord attaqué le P. Fabricy pour juftifier le P. Houbigant des plaintes que l'Auteur avoit formées contre l'Edition de la Bible Hébraïque de ce docte Oratorien & les travaux du Docteur Anglois M. Benjamin Kennicott. Ce que j'ai eu l'honneur de vous faire remarquer de la critique de M. Rondet, relativement à quelques dates Chronologiques des deux premiers âges du Monde, ne vous préviendra guere en faveur de la juftesse de fes *Observations*, & je doute auffi que le P. Houbigant lui-même en ait été fort fatisfsit. Quoiqu'il en foit ; je vous prie, Monfieur, de fufpendre votre jugement jufqu'à ce que je vous aye mis fous les yeux, quelle eft encore la marche de M. Rondet, & par quel genre de

preuves il s'efforce d'ébranler l'intégrité & la vérité de quelques autres Leçons communément reçues du Texte original Hébreu, que le P. Fabricy avoit vengées des nouvelles attaques du P. Houbigant.

Dès le commencement même du X. Article du Volume du Journal Ecclésiastique, pour le mois d'Août 1773, où l'on trouve la suite de ses *Observations*, voici comment débute la critique de M. Rondet. " J'obferverai ici l'entiere impartia-
" lité que le Public a droit d'exiger de moi, & dont j'ai
" toujours fait profeffion. On en reconnoîtra facilement les
" preuves ".

A ce début féduifant, qui ne croiroit que M. Rondet eft toujours d'accord avec lui-même, toujours affez en garde pour fe prémunir contre le préjugé? Il a beau dire: fa partialité eft des plus marquées: il n'eft pas poffible de la dérober aux yeux de tout Lecteur attentif & intelligent. Ecoutons-le néanmoins avant que de le condamner.

I. " Le premier Texte cité par le R. P. Fabricy eft celui
" de la Génefe, IV.8. *Dixitque Cain ad Abel fratrem fuum,*
" *Egrediamur foras; cumque effent in agro, confurrexit Cain*
" (*adverfus fratrem fuum Abel & interfecit eum*). Ces mots
" *Egrediamur foras*, ne fe trouvent point dans le Texte Hé-
" breu, mais on les voit dans le Texte Samaritain, dans la
" Verfion des Septante, dans notre Vulgate, &c. " (Je ne fais ce que M. Rondet entend par cet *&c.* peut-être a-t-il cru avec l'Auteur des *Nouveaux Eclairciffemens fur le Pentateuque Samaritain*, que toutes les anciennes Verfions portent la même leçon. Si telle eft fa penfée, il eft dans l'erreur.)
" Le P. Houbigant penfe qu'ils appartiennent au Texte, &
" il les y admet. Le P. Fabricy prétend que c'eft ajouter au
" Texte: que cette addition n'eft point abfolument nécef-
" faire; qu'elle eft même inutile. Le P. Houbigant s'auto-
" rife de ces mots; *Caïn dit*, *dixitque Caïn*: car que dit-
" il? Le P. Fabricy prétend que fi le P. Houbigant n'igno-
" roit pas toute la force de certains mots Hébreux, il de-
" voit faire réflexion que le mot *Amar* (אמר) fignifie non
" feulement *Dire*, mais encore *Parler*; & il ajoute: quel
" inconvénient y auroit-il de traduire ce paffage par le fui-
" vant: ⇒ *Caïn parla à fon frere; & comme ils fe trouvoient*

" à la Campagne, Caïn se jetta sur son frere Abel, & le
" tua. L'inconvenient est de changer l'expression de Moy-
" se, poursuit M. Rondet; l'inconvenient est que, quicon-
" que n'ignore pas le génie de la Langue Hébraïque, com-
" prendra que, si Moyse avoit voulu dire cela, il n'auroit
" pas dit Vaiomer (ויאמר) & dixit, mais Vaidabber
" (וידבר) & locutus est, parce que les Hébreux savent
" très-bien distinguer comme nous Amar, Dixit, & Dibber
" (הבר), Locutus est. L'inconvenient est que, sous pré-
" texte de défendre l'Intégrité du Texte Hébreu, vous y
" portez vous-même atteinte (plaisant reproche!) en re-
" tranchant deux mots qui évidemment y appartiennent ".
(Cela n'est ni trop clair, ni trop démontré; ou M. Rondet a
de meilleurs yeux que bien d'excellents Interprétes de l'Ecriture, de très-habiles Critiques, en un mot, que S. Jérôme
lui-même, comme nous le verrons bien-tôt. Mais laissons parler M. Rondet, rien n'est plus juste. Il est facheux qu'il
s'échauffe à pure perte.) " Vous portez, dit-il, atteinte
" à l'authenticité de la Version des Septante & de notre
" Vulgate, qui dans cet endroit nous conservent exactement
" des expressions qui évidemment appartiennent au Texte
" Original d'où elles ont disparu par une méprise du Co-
" piste (1) ".

    ÆDEPOL, OCCIDISTI ME.

Voilà bien de l'emphase & peu de lumieres. Ces reproches sont toutefois violents. Mais que M. Rondet modere son
zéle, qui n'est pas ici selon la science. Pour montrer que la
Leçon primitive de ce passage étoit celle même du Texte
Hébreu commun, le P. Fabricy avoit dit, ainsi qu'on vient
de le voir, que le mot Amar est ici susceptible d'une autre
interprétation que celle de Dixit. En effet ce mot, quoiqu'
en pense le Censeur, signifie Locutus est, Il a parlé: & ce sens
est fondé sur une foule d'exemples de l'Ecriture que M. Rondet traitera probablement de fautes de Copistes, mais dans
lesquels les Ecrivains Sacrés, Moyse même, se servent indif-
féremment du mot Amar, pour signifier Il a dit, Il a par-

(1) Journal Eccléfiastiq. de M. l'Abbé Dinouart, mois d'Août 1773.
loc. cit.

lè (1). Les Hébreux savent à la vérité, très-bien distinguer ces deux mots l'un de l'autre; mais cela ne prouve point qu' ils ne l'employent également en différentes occasions, comme pour varier leur façon de s'exprimer. Ainsi l'objection est puérile. Je prie M. Rondet de consulter du-moins nos Lexiques Hébreux, tels que ceux de Buxtorf, de Castel, de Dom Guarin &c. S'il aime sincérement la vérité; s'il est aussi impartial qu'il s'annonce dans ses *Observations*, & qu'on a droit de l'attendre d'un Savant qui consacre ses travaux à l'utilité publique, il est à esperer qu'il s'appercevra enfin qu'il a fait à l'Auteur une assez méchante difficulté, parce que ce terme a sûrement une signification très-étendue en Hébreu, comme dans toutes les Langues.

Il n'y a donc point d'inconvénient de rendre ce passage de la maniere que l'a traduit le P. Fabricy, conformément à son Texte Hébreu; puisqu'il a eu pour lui la Version Arabe, celles de Symmaque & de Thédotion, enfin le Thargum d'Onkelos. Il y auroit encore moins d'inconvénient de traduire : = *Pendant que Caïn s'entretenoit avec son frere, & qu'ils se trouvoient à la campagne, Caïn se jetta sur lui, &c.* Ou si vous voulez : = *Or Caïn parla contre son frere, & lorsqu'ils se trouvèrent à la campagne &c.* Ces trois différentes interprétations rentrent naturellement dans le génie de l'Hébreu; car sans insister sur la seconde Traduction qu'il me seroit très-facile de justifier, parce que les Particules Hébraïques sont susceptibles de divers sens; je dirai seulement que la derniere est très-analogue au style Hébreu. En effet, y a-t-il quelque autre inconvénient, pour me servir des expressions favorites de M. Rondet, de soutenir que la Particule *El* (par exemple, אל אדום *El Edom*, *Contre Edom*. Jéremie, XLIX. 20.) se prenne ici comme si elle étoit une Particule adversative, & qu'on traduise *Contre son frere* ? Tout cela est donc fondé sur la lettre du Texte qui n'a pas besoin d'être réformé. Dès-lors le sens de ce passage est clair & n'exige aucun Commentaire pour être entendu. Nous pouvons par-conséquent nous dispenser d'en venir à l'alternative à laquelle M. Rondet voudroit nous obliger, ou de retenir

---

(1) *Voyez Pseaum. Hébr.* IV. 5. = *Salom. Glassius, Philologia Sacra lib.* I. *tract.* I. *pag.* 29.

l'*Egrediamur foras*, où de suppoſer que Caïn avoit fait part à Abel de ce que le Seigneur venoit de lui dire (Genes. IV. 6. & 7.). Quoiqu'en penſent deux anciens Paraphraſtes Chaldéens (1), nous ne ſavons pas trop en quoi conſiſtoit l'entretien que Caïn eut alors avec Abel & dont parle ce 8. Verſet du même Chapitre de la Géneſe. Moyſe garde là-deſſus un profond ſilence que nous devons reſpecter. En un mot, quand même il y auroit dans ce paſſage une réticence à ſuppléer par ce qui eſt dit aux Verſets 6. & 7., figure aſſez fréquente dans nos Ecrits Sacrés ; l'addition n'en ſeroit pas plus néceſſaire. D'ailleurs il n'eſt point vrai que S. Jérôme exprime moins ici ſon ſentiment que celui des Juifs, dans l'explication qu'il nous donne de ce Texte, ainſi que le prétendent le P. Houbigant, entre autres, & M. Rondet. Il eſt ſenſible que cet illuſtre Docteur de l'Egliſe a conſidéré l'*Egrediamur foras* comme un hors d'œuvre. Rien n'eſt plus ſimple que ce qu'il en dit au commencement de ſes QUESTIONS HEBRAIQUES SUR LA GENESE : ──── *Superfluum ergo eſt quod in Samaritano & noſtro Volumine reperitur; Tranſeamus in campum*. Ce langage eſt précis, formel & déciſif.

D'où il réſulte que le P. Fabricy a eu raiſon de dire qu'il s'en faut beaucoup qu'il ſoit démontré que ces mots ſont néceſſaires. L'autorité de S. Jérôme, ſans parler de celle d'Origéne, deux Peres très-inſtruits dans ces ſortes de matieres, ne ſauroit être d'un plus grand poids. S. Jérôme avoit ſous ſes yeux les meilleurs Manuſcrits Hébreux de ſon tems ; & l'on ne voit pas qu'il ignorât d'où avoit pu venir cette leçon abſolument étrangere au Téxte primitif Hébreu. L'on voit également que dans cet endroit de ſes Queſtions Hébraïques, il a en vûe le Texte Samaritain & ſa propre Traduction Latine ainſi que les autres Verſions faites ſur le Grec des Septante Interprétes qui tirerent probablement cette interpolation de quelque ancien Paraphraſte Chaldéen (2). Par-là S. Jérôme nous inſinue évidemment qu'il parle en ſon propre nom & ſuivant ſa propre penſée ; qu'enfin s'il a retenu l'*Egrediamur foras* dans ſa Verſion, ce n'eſt pas qu'il crût que ces

---
(1) Le Thargum de Jonathan & celui de Jéruſalem. Voyez là-deſſus entre autres, *Critici Sacri*, Tom. I. *in hunc locum*. ⇒ *Glaſſius*, loc. cit. pag. 28. (2) Voyez *Critici Sacri*, ibid.

mots appartinssent à la leçon primitive du Texte ; mais, comme il avoit des ménagements à garder pour cette foule d'adversaires qui ne cessoient de décrier ses grands & utiles travaux sur l'Ecriture , qui blâmoient même jusqu'à l'indécence & sa propre Version Latine & son attachement à l'Original Hébreu ; il jugea à propos de retenir dans sa Version-Vulgate ces termes que portoient les LXX., ainsi qu'il y en retint quantité d'autres ; quoiqu'il fût bien persuadé que ni les uns , ni les autres n'avoient jamais été du Texte Original .

Le P. Fabricy avoit disserté longuement sur cette matiere , relativement à la Version que S. Jérôme nous donna d'après l'Hébreu . Il n'avoit pas manqué non plus de faire observer de quelle autorité doit être le Pentateuque Samaritain . " C'est un monument, avoit-il dit, (Tom. II. pag. 309.
" Not.) , infiniment utile pour confirmer puissamment la vé-
" rité Hébraïque des Ecrits de Moyse . Mais l'usage qu'on
" peut en faire , doit avoir ses bornes ; &c. "

Vous aurez de plus remarqué, Monsieur, dans l'Ouvrage de l'Auteur, ce qu'il a dit au sujet de l'authenticité de la Vulgate . Jamais Ecrivain n'a vengé avec plus de force qu'il l'a fait dans une Note , entre autres, du Tome II. , le Décret du Concile de Trente, concernant cette Version . Mais en Critique judicieux & en Théologien sensé , il a sçu donner de justes limites à ce sage Décret du Concile . Je ne doute pas même que les plus habiles Théologiens ne soient de son avis ; car au fond il n'y a presque rien avancé de lui-même : tout y est appuyé des témoignages des Peres du Concile & des plus savants Théologiens .

Rien n'est donc moins à sa place que la querelle épouventable, que lui fait M. Rondet à l'occasion du passage que nous examinons ; comme si l'Auteur donnoit atteinte à l'authenticité de la Vulgate-Latine & de la Version des LXX. Ce reproche est en effet des plus singuliers : peut-être qu'on le passeroit à un Ecrivain qui auroit toujours assez respecté ces deux Versions pour ne s'en écarter jamais . M. Rondet auroit dû être ici beaucoup plus circonspect qu'il ne l'est, lui qui s'embarrasse fort peu de ces deux Textes, lorsqu'ils sont contraires à sa façon d'interpréter l'Ecriture: on en a vû ci-dessus des exemples (1) ; & combien n'en trouverions-nous pas dans les Notes qui accompagnent son Edition de la Bible ? Il auroit mieux fait de garder le silence : coupable, comme il l'est, d'un reproche dont tout l'odieux retombe sur lui-même, se seroit-il imaginé que le Texte primitif Hébreu est moins authentique qu'une ou deux Versions ? Il est dans l'erreur. —— *Cogimur igitur ad Hebræos recurrere & scientiæ veritatem de fonte magis quam de rivulis quærere* (2).

Tel est l'empire du préjugé que la vérité réclame en vain ses droits sacrés contre l'esprit de système. Au défaut d'armes fortes & victorieuses, qui operent la conviction & la persuasion, l'on recourt à des arguments surannés & de nul poids. C'est le partage des demi-Critiques & des Théologiens peu instruits. Vous aurez également observé là-dessus, Monsieur, les sages Remarques de l'Auteur, (Tom. I. pag. 161. suiv. Not.) contre les Paradoxes des PP. Hardouin, Berruyer & Settari touchant notre Vulgate. M. Rondet se souleve donc sans raison, & sa partialité est notoire. J'en appelle à ce qu'il en a fait imprimer lui-même dans la II. Dissertation sur la Vulgate. (Tom. I. de la S. Bible pag. 140. de la nouvelle Edition d'Avignon). Vous n'étendez point, lui dirois-je, l'authenticité de la Vulgate au-de-là des choses qui n'intéressent ni la foi, ni les mœurs ; or souvenez vous de ce que vous avez déjà remarqué au sujet du second Cainan (3) : vous avez assez de bon sens pour ne pas dire que l'addition dont il s'agit dans ce Chapitre IV. vers. 8. de la Génese, touche au dogme & à la Morale ; par-conséquent en vous disant avec S. Jérôme, que ces paroles des LXX. Interprétes —— Διέλθωμεν εἰς τὸ πεδίον, *Eamus in campum*, sont superflues (4),

---

(1) Voyez la I. Lettre, pag. 20. II. Lettre, pag. 30. 41. suiv.

(2) *Decretum Gratiani emendatum & Notationibus illustratum &c.* Romæ 1582. *Decreti prima part. Distinctione LXXVI. Cap. VII. Jejunium.* pag. 486. vid. & *Hieronym. Comment. in Cap. VIII. Zachar. Oper. Tom. III.* edit. Paris. 1704. col. 1752.

(3) Voyez ci-dessus, I. Lettre, pag. 24.

(4) Inutilité qu'avoit observée Origene, au raport de Dom Calmet dans son Commentaire sur cet endroit. Aussi les savans Dominicains de Paris avoient-ils fait la même observation dans leur *Correctorum Bibliorum* (Voyez les *Titres primitifs &c.* Tom. II. pag. 135. suiv. Not.). C'est encore ce qui n'a pas échappé aux remarques du savant Magdali

le P. Fabricy n'a fait que vous ramener à un Texte primitif dont l'autorité est infiniment supérieure à toutes les Versions.

Il me reste, Monsieur, à vous faire part d'une observation du Critique sur un autre passage de la Génese que l'Auteur avoit interpreté d'une maniere analogue au sens que présente naturellement le Texte primitif Hébreu. Cette méthode du P. Fabricy, la seule vraie, la seule propre à désarmer les énnemis de la Foi, n'est guere du goût de M. Rondet. Peu éloigné des idées chimériques des P. Morin, des Simon, des Vossius &c. sur l'état présent de notre Texte Hébreu commun, le Censeur paroît tout occupé à déterrer des fautes de Copistes dans l'Original de nos Livres Saints de l'Ancien Testament ; & le P. Houbigant est d'ordinaire son grand modele, principalement sur ce qui tient aux diversités de Leçons, que donne le Pentateuque Samaritain. Venons à sa critique concernant ce passage.

II. " Le P. Fabricy, dit M. Rondet, pour nous donner
" un autre exemple du peu de cas que l'on doit faire des
" corrections que le P. Houbigant a voulu introduire dans le
" Texte, rappelle ce qu'il a dit (Tom. II. pag. 343 — 347.
" Not.) dans une Note précédente sur un passage de la Gé-
" nese, XLVII. 20. & 21. Il s'agit de ces mots de notre
" Vulgate : —— *Emit igitur Joseph omnem terram Ægypti*
" ..... *subjecitque eam Pharaoni ; & cunctos Populos ejus a*
" *novissimis terminis Ægypti usque ad extremos fines ejus*.
" On lit aujourd'hui dans l'Hébreu à la lettre : —— *Et*
" *emit Joseph omnem terram Ægypti : Et fuit terra Pharao-*
" *ni. Et Populum transire fecit eum ad Urbes ab extremita-*
" *te termini Ægypti usque ad extremitatem ejus*. Pour ex-
" pliquer cela, continue M. Rondet, on suppose qu'après *ad*
" *Urbes* il faut sous-entendre *Alias*, & alors on prétend que
" cela signifie : *Et il fit passer le Peuple dans d'autres Vil-*
" *les, depuis une extrémité du pays de l'Egypte jusqu'à*

---

autre Dominicain dans son *Correctorium Biblix*, imprimé à Calogne en 1508. Il y dit. " *Egrediamur foras* non est de Textu, nec habetur in
" Hebraico ". Vid. *Lucas Brugensis in hunc locum, Critic. Sacror. Tom. I. in Genes. pag. 178. seq.* = *Bernard. de Montfaucon, Hexapla Origenis. Tom. I. in hunc locum, pag. 19.*

" *l'autre*. Cette tranfmigration de tout un Peuple, ajoute-
" t-il, de Ville en Ville par toute l'étendue de l'Egypte,
" paroît fort étrange ".

Il est bien plus étrange que M. Rondet qui se pique de beaucoup de partialité, ose reproduire d'après le P. Houbigant, une objection qu'avoit faite Feu M. l'Abbé Ladvocat, en rendant compte d'un Ms. Syriaque de l'Evêque d'Edeſſe, & que le P. Fabricy avoit réfutée (Tom.II.pag.346.N.). Un Critique sincere en agiroit avec plus de bonne foi : il feroit reparoitre la réponse que l'Auteur avoit oppoſée à la difficulté, & apporteroit en même-tems ſes raiſons pourquoi il la déſapprouve. Du-moins telle eſt la méthode des bons Ecrivains.

M. Rondet pêche également contre l'équité en donnant à entendre que le P. Fabricy ſuppoſe qu'après *Ad Urbes* il faut ſous-entendre *Alias*, ainſi qu'on vient de le voir. L'Auteur ne s'eſt jamais exprimé de la ſorte. C'eſt M. Le-Clerc qui avoit fait cette ſuppoſition dans ſon Commentaire ſur cet endroit de la Géneſe : un Ecrivain exact & inſtruit auroit dû le faire obſerver. Le P. Fabricy avoit d'abord dit, en répondant à la difficulté du Bibliothécaire de Sorbonne:——— "Que Joſeph
" ait fait transporter *en* différentes *Villes* du Royaume, ou
" *de Ville en Ville*, comme porte l'Hébreu, ou *d'un lieu à un
" autre*, ainſi qu'on le lit dans le Ms. en queſtion, n'eſt-ce
" pas la même choſe ? Ce tranſport n'en ſeroit pas moins dé-
" raiſonnable, ni moins contraire aux principes du bon gou-
" vernement. D'ailleurs il n'eſt pas néceſſaire de ſuppoſer
" que ceux qui ſe trouvoient à une extrêmité de l'Egypte
" fuſſent transportés à une autre extrêmité toute oppoſée.
" Le Texte Hébreu ne conduit point à cette idée : Moyſe dit
" ſimplement que Joſeph ordonna que le Peuple paſſât d'une
" Ville à l'autre ". Et c'eſt le ſens qu'ont parfaitement exprimé la Verſion Syriaque ——— ܡܢ ܩܪܝܐ ܠܩܪܝܐ *mén qré laqré*,
& la Paraphraſe d'Onkelos ——— מקרוי לקרוי *miqqirvé leqirvé*, de Ville en Ville (1).

─────────
(1) Ces deux Textes Syriaque & Chaldéen, qu'aſſûrément je n'ai point inventés, prouvent que le ſavant Mazzochi a eu tort d'avancer que dans la Polyglotte de Londres les deux Verſions Chaldéenne & Syriaque n'offrent rien de pareil. (*Spicilegii Biblici in Geneſim*, Tom. I.

Le P. Fabricy ne s'étoit point arrêté à cette feule réponfe. Pour prévenir l'abus que les ennemis de la Foi font de ce Texte de Moyfe, il avoit dit de plus que M. l'Abbé Ladvocat n'auroit point dû relever d'après le P. Houbigant, une difficulté qui retomboit fur tous les Textes, ainfi que fur toutes les Verfions. En effet, cet afferviffement de tout un Peuple d'un grand Royaume eft-il moins oppofé aux vrais principes d'un gouvernement fage, que ce tranfport dont il eft queftion dans le Texte Hébreu des Juifs ? Le Miniftre de Pharaon, en profitant fi cruellement de la miférable fituation d'un Peuple mourant de faim, n'élèvoit-il pas la puiffance du Prince à un dégré de Tyrannie infupportable ? Et n'étoit-il pas à craindre que la propre famille de Jofeph & fes Defcendants n'en puffent un jour éprouver les funeftes effets ? Sous quelque face qu'on envifage donc ce récit de Moyfe, il offre des difficultés. Mais ces difficultés ne font point telles qu'on ne puiffe y trouver de réponfe fatisfaifante. Auffi le P. Fabricy avoit-il dit à cette occafion : ——— " Admirons plûtôt
" la conduite de Jofeph, bien-loin de la blâmer. Lorfque
" l'Ecriture dit que ce religieux Miniftre fit paffer le Peuple
" en différentes Villes de l'Egypte, & que le Peuple fe foumit à tout, pour n'être point expofé aux horreurs de la famine, l'on voit dans cette maniere d'agir, éclater une fageffe & une prudence peu commune. Rien n'étoit plus fage que de rendre aux Peuples leurs Terres ; mais Jofeph
" eut foin de ne pas remettre un chacun en poffeffion de ce
" qui lui appartenoit auparavant. Auffi les fit-il paffer en différentes Villes dans toute l'étendue de l'Egypte. Par cet
" expédient il empêcha toute fédition, ou il fe mit en état
" de la réprimer avec plus de facilité, tandis qu'il ôta au Peuple le moindre prétexte de revendiquer dans la fuite, des
" héritages fur lefquels ni les uns, ni les autres ne confervoient plus aucun titre. Telle eft la folution que d'habiles
" Interprétes donnent à ce paffage ". Solution que M. Ron-

---

pag. 165.). Il en dit autant de la Verfion Arabe, mais fans fondement. Ces trois Verfions font ici très-conformes à l'Hébreu des Juifs. Je ne fais obferver cette inadvertance que parce que l'autorité d'un favant auffi profond, auffi refpectable que l'étoit Feu M. l'Abbé Mazzochi, peut en impofer à des Lecteurs inattentifs.

det passe entiérement sous silence, mais qu'un Ecrivain impartial ne devoit point omettre, afin que le Lecteur fût mieux en état d'apprécier ce que le Censeur oppose aux *Considérations Critiques* du P. Fabricy. Probablement ces réponses n'entroient point dans le plan de M. Rondet : il falloit donc les supprimer pour ne point déranger son système.

 Ce qui prouve enfin que la Leçon que M. Rondet s'efforce de substituer à celle du Texte Hébreu, n'est point à sa véritable place, c'est l'ordre que tient Moyse en racontant ce qui se passa alors en Egypte à l'occasion de la famine qui affligeoit tout le Royaume.

 Les sujets de Pharaon extrémément pressés de la faim & manquants de tout, se trouvent enfin réduits à se donner au Ministre eux & leurs terres (Vers. 19.) à condition toutefois qu'on leur fournisse du pain (1) ou de quoi se nourrir & de quoi semer, de peur que la terre ne demeure en friche, si on laissoit périr ceux qui peuvent la cultiver. Que fait le Ministre du Prince après cette démarche des Egyptiens ? Il acquiert d'abord toutes les terres du Royaume, ainsi qu'il est dit au Verset 20.; mais l'Historien Sacré nous fait remarquer en même-temps comment Joseph se comporta dans ces conjonctures critiques, pour que le Peuple ne pût exciter la moindre sédition, circonstance essentielle à son recit. Il observe dans le Verset suivant, que les Prêtres furent les seuls, desquels ce Ministre de Pharaon n'acquit point les terres. Or, si Moyse eût écrit au même Verset 20. que tous les Egyptiens avoient été faits esclaves du Prince, pourquoi en parlant des Prêtres au Verset 22. il ne dit point qu'on les exempta de cette sujétion, mais seulement que leurs terres ne furent point comprises parmi celles des Egyptiens, que le Ministre avoit réunies

---

(1) *Eme nos & terram nostram pro pane* Balakém בלחם, ou *pro panibus* Ἀντὶ ἄρτων, comme traduisent les LXX. Le Texte Hébreu Samaritain & toutes les autres Versions Grecques & Orientales rendent la même idée : ce que M. Rondet auroit dû faire observer dans ses Notes sur cet endroit. Tel est le devoir d'un Commentateur des Livres Saints. Aussi la Traduction Françoise qu'il adopte ici du P. De Carrieres, devient louche & laisse un vuide auquel on ne peut suppléer sans recourir à l'Original.

au domaine du Roi ? Circonſtance, je le répete, que l'Hiſtorien Sacré n'auroit point dû oublier. Il faut donc que la Leçon primitive du Texte ſoit celle de l'Original Hébreu des Juifs, puiſque ce n'eſt que dans le Verſet 23. que Moyſe nous raconte que les Egypriens s'étoient rendus eſclaves du Prince. Dès-lors tout rentre dans l'ordre : tout le contexte de Moyſe ſe ſuit ; & rien ne nous oblige de rejetter comme une faute du Texte, les mots Hébreux HEEBIR OTHO LEARIM (1) *Tranſtulit ipſum* (Populum) *in Civitates*; & non pas HABIR ATO LARIM, comme lit M. Rondet ; expreſſions barbares, qui défigurent entiérement la Leçon Hébraïque. J'en dis autant des termes HABID ATO LAEDIM, termes également barbares, au lieu de HEEBID OTHO LAABADIM (2) *Subjecit illi in ſervos*, qu'il prétend ſubſtituer à ceux de l'Hébreu imprimé.

Un Savant qui ſe pique de citer un Texte de Langue Orientale, devroit le produire tel qu'on le trouve dans l'Original, ou du moins en offrir la Leçon conformément aux Régles invariables de la Grammaire. Je ne releve qu'avec une extrême peine ces ſortes de bévûes ; je ne le fais auſſi que parce que M. Ronder étend ſa critique juſqu'à des fautes d'Impreſſion de nulle conſéquence.

Il n'eſt qu'un ſubterfuge auquel M. Rondet pourroit avoir recours & que le Verſet 23. du même Chapitre ſemble lui offrir. Mais en rendant ce Verſet de la maniere ſuivante, qui eſt conforme à la Leçon de l'Original, il ne reſte rien qui favoriſe notre Critique. —— *Or Joſeph dit au Peuple* ; oüi (3)

---

(1) הֶעֱבִיר אֹתוֹ לֶעָרִים, comme porte le Texte Hébreu.

(2) הֶעֱבִיד אֹתוֹ לַעֲבָדִים, ſelon le Texte Samaritain. Le Critique lit également mal dans ſes Notes ſur ce paſſage de la Géneſe, Tom. I. pag. 923., & ſi nous voulions le ſuivre dans ſa façon d'écrire les mots Hebreux, tels qu'il les repréſente ailleurs, combien n'en trouveroit-on pas qui révolteroient nos Hébraïſants ? Peut-être qu'à l'exemple de Feu l'Abbé Maſclef, Chanoine d'Amiens, M. Rondet ſe ſera tracé une voie plus commode pour lire l'Hébreu. Mais quoiqu'il en penſe, la nouvelle Méthode du Chanoine d'Amiens eſt un vrai Chef-d'œuvre de rêveries, ainſi que l'avoit fait obſerver le P. Fabricy, Tom. II. pag. 429., après avoir réfuté ce nouveau Grammairien, *ibid*. pag. 309. — 315. Nut.

(3) La particule Hébraïque הֵן *Hen* ſignifie très-bien *Profecto*, *certe* &c. il eſt inutile d'en porter des exemples.

je vous aquiers dès-aujourd'hui à Pharaon, vous & vos Terres. Voilà du pain & de quoi semer. Ensemencez vos Terres. C'est comme s'il leur eût dit : = " J'accepte au nom du Prin-
" ce l'offre que vous me faites de vos propres personnes ; el-
" les appartiendront désormais à Pharaon ainsi que vos Ter-
" res. Voilà de quoi vous nourrir &c. "

Vous voyez par-là, Monsieur, que dans un même Texte où avec une forte prévention & de foibles lumieres, M. Rondet trouve une erreur manifeste, un Critique plus attentif, moins prévenu & plus éclairé y découvre de la liaison & de l'harmonie dans toutes ses parties.

Il reste donc encore prouvé que dans ce passage de l'Ecriture comme dans les autres que nous avons vengés de la critique de M. Rondet, le Texte lui-même reclame en faveur de la Leçon de l'Hébreu qu'ont suivi l'Arabe, le Syriaque, le Persan, les deux Paraphrases Chaldaïques d'Onkelos & de Jonathan enfin celle de Jérusalem.

Avant de terminer ses *Observations* M. Rondet nous fait remarquer que les discussions dont il vient de s'occuper " peu-
" vent assez donner lieu au Lecteur à se décider sur les repro-
" ches faits au P. Houbigant en ce qui concerne le choix des
" Variantes ". Pour moi, Monsieur, qui vois les choses de tout autre œil que M. Rondet, parce que je ne tiens à aucune hypothése, & que je cherche uniquement la vérité ; je suis très-convaincu que le P. Houbigant s'est trop abandonné à ses propres conjectures. J'ose même dire qu'il a mal servi la Religion en faisant imprimer sa Bible Hébraïque avec tout cet attirail de Variantes plus propres à étouffer le Texte qu'à l'éclaircir. Ebloui par le faux éclat d'une critique arbitraire & sans bornes, il n'a point sçu apprécier le vrai caractere des anciennes Versions relativement au génie de la Langue Hébraïque, qu'il n'a même jamais bien connu. Vous aurez trouvé, Monsieur, là-dessus comme sur d'autres points très-importants de la Critique Sacrée, une foule de preuves de tous genres dans l'Ouvrage du P. Fabricy, auxquelles M. Rondet n'a pas même osé toucher, tant elles m'ont paru fortes & victorieuses. A la premiere lecture que vous aurez faite des *Observations* du Critique, vous vous serez également apperçu

qu'il ne juge que par des impulsions étrangeres ; parce qu'avant de lire l'Ouvrage de l'Auteur, il s'étoit déjà décidé pour un système qu'on ne pourra jamais étayer qu'à force de preuves toutes sans consistence.

Il est tems de finir cette Lettre, mais je ne puis me dispenser de vous faire observer auparavant, Monsieur, que le Critique termine très-mal ses *Observations* en disant que dans les Lettres d'un Anonyme contre M. Kennicott, imprimées à Paris en 1771. le P. Fabricy *remarque une assertion trop hardie* (1), *un argument qui lui paroît foible*. M. Rondet en impose évidemment à l'Auteur qui a tenu sur l'objet de ces Lettres un langage bien différent de celui qu'on lui prête. Il est vrai qu'il y a observé des personnalités qu'on doit toujours éviter dans les disputes littéraires, & qui loin de faire embrasser la vérité, dit-il, (Tom. II. pag. 506. Not.) ne servent qu'à aigrir & à la faire perdre de vûe. Il y a aussi observé quelques inadvertances qu'il a relevées lui-même ; mais à cela près, il a dit que ces Lettres méritent toute l'attention de M. Kennicott ; en un mot, qu'elles sont pleines de force & de vérité.

C'en est bien assez pour faire apprécier la façon de penser du Critique, & ses *Observations* sur l'Ouvrage de l'Auteur.

A l'occasion des passages de l'Ecriture, que je viens, Monsieur, de vous remettre sous les yeux, j'aurois eu à vous communiquer plus d'une remarque sur bien d'autres endroits du Commentaire du P. Houbigant, des lumieres duquel M. Rondet ne s'est guere méfié dans plusieurs de ses Notes qui accompagnent sa nouvelle Edition de la Sainte Bible. Mais je vous reserve mes remarques pour une autre fois, en cas que M. Rondet continue à critiquer l'Ouvrage de l'Auteur, d'une maniere aussi mal assortie qu'il l'a fait jusqu'à présent. Comme il donne de tems-en-tems, dans le Journal Eccléfiastique de M. l'Abbé Dinouart, des pieces de sa façon con-

---

(1) L'Anonyme avoit dit, en parlant d'un Ms. de la Bibliothéque de Cambridge, que les premieres Variantes qui s'y trouvent, ne sont d'aucune langue. Le P. Fabricy observe à ce sujet, Tom. II. pag. 502. Not., que *cette assertion lui paroît trop hardie*, parce qu'en effet plusieurs de ces diversités de Leçons, quoique de nulle autorité, représentent des mots Hébreux. M. Rondet qui aura lû rapidement cette Note du Livre, se sera imaginé que l'Auteur portoit le même jugement sur tout ce qui fait l'objet des Lettres en question.

cernant divers points de l'Ecriture Sainte ; il ne seroit pas étonnant que la lecture de mes Lettres lui fît prendre l'envie de revenir sur ses pas. Etant aussi décidé qu'il paroît l'être, pour les hypothéses de nos nouveaux Hébraïsants, peut-être tentera-t-il quelque nouvelle attaque ; je me flatte cependant, Monsieur, qu'on pourra lui opposer une résistance encore plus vigoureuse.

" Il est très permis de critiquer les Ouvrages qui ont
" été donnés au Public, dit un bel esprit (1), parce qu'il se-
" roit ridicule que ceux qui ont voulu éclairer les autres,
" ne voulussent pas être éclairés eux-mêmes. Ceux qui nous
" avertissent sont les compagnons de nos travaux : si le Criti-
" que & l'Auteur cherchent la vérité, ils ont le même inté-
" rêt ; car la vérité est le bien de tous les hommes : ils se-
" ront des confédérés ; & non pas des ennemis ".

Mais à quoi conduiroit un esprit de système si nuisible au progrès de la vérité ? Au lieu de s'attacher à des disputes presque toujours instructueuses, souvent contraires à la charité, ne seroit-ce pas infiniment plus utile de ne penser qu'à réunir nos forces, afin de mieux repousser l'ennemi commun, en s'occupant uniquement de l'étude des grands principes de la Religion ? Dans un siécle où le libertinage d'esprit ne respecte plus rien, où nos Dogmes Sacrés sont attaqués de toutes parts avec une hardiesse & une indécence sans bornes ; de quel usage peuvent être des systêmes inconséquents pour bien défendre la vérité, l'authenticité & l'intégrité des Titres primordiaux de notre Culte, contre les efforts de l'Impiété ?

A la faveur de la méthode de nos Critiques modernes, espere-t-on de parvenir à mieux entendre nos Ecrits Sacrés, à y mettre plus d'ordre, de liaison & d'harmonie ? Avec toutes ses corrections, le P. Houbigant nous a-t-il procuré une Traduction des Livres Saints, plus claire, plus liée, plus suivie ? Ce que vos savants Eleves & vous, Monsieur, avez écrit (2)

---

(1) M. De Montesquieu défense de l'Esprit des Loix, Geneve 1750. III. part. pag. 195.
(2) Voyez Réponse au Jugement de M. Ladvocat sur le Psautier des Capucins, pag. 8. 46. suiv. à la fin du XV. Tome des Principes discutés. = Réponse à un Ecrit intitulé, Examen du Psautier des RR. PP. Capucins, §. IV. pag. 133. suiv.

sur la matiere présente a dû convaincre pleinement le Public, que, bien-loin d'écarter des endroits difficiles de nos Ecrits Sacrés ces nuages que nous cache la lettre du Texte, faute de principes pour la bien entendre, la méthode du Docte Oratorien n'est propre qu'à jetter dans des écarts sans nombre.

Quelle impression funeste ne peut-elle pas même faire sur l'esprit d'un Incrédule cette multiplicité presque immense de prétendues fautes du Texte, desquelles ce Critique a grossi son Edition de la Bible Hébraïque ? Croit-on par cette voie, faire revenir nos faux Philosophes de leurs préjugés insensés contre l'Intégrité du corps de nos Divines Ecritures ?

Seroit-ce enfin un crime d'avoir rompu le silence vis-à-vis d'un Ecrivain qui a déclaré une guerre ouverte à nos Mss. Hébreux & à toutes nos Editions d'un Texte qui est la base de notre Croyance ? Ce ne sont point là des déclamations vagues, comme l'ose avancer M. Rondet. Oui, il en existe des preuves sans réplique dans l'Ouvrage touchant les *Titres primitifs &c.* Le P. Fabricy n'a donc pû s'élever avec trop de force contre la critique du P. Houbigant. Et ce qui devroit surprendre, c'est que M. Rondet entreprenne de la justifier, & qu'il ne s'apperçoive pas des écueils où mene cette espéce de critique aussi peu réfléchie que mal conduite.

Rapprochez, Monsieur, cette même méthode du nouvel Hébraïsant, ainsi que de tous ceux qui l'ont devancé dans ce genre de Littérature, tels que les Cappel, les Pezron, les Morin, les Vossius, les Simon, les Whiston & tant d'autres, desquels ce savant Pere de l'Oratoire n'a presque été que l'écho ; rapprochez-la, dis-je, de celle qu'a suivie notre Auteur dans ses *Titres primitifs &c.*, il est manifeste que l'Ouvrage du Dominicain ne laisse aucun subterfuge à l'Incrédule. C'est aussi ce qu'a senti, entr'autres, un savant Journaliste, en rendant compte de cet Ouvrage de l'Auteur. Voici comment s'exprime cet habile Littérateur à la fin de son analyse du Livre des *Titres primitifs*. " Son Ouvrage rempli de cette érudi-
" tion qui attache sans rebuter, de cette force de raisonne-
" ment qui porte la conviction dans l'esprit, sera sans doute
" reçu du Public comme un Monument précieux élevé à la
" Religion, comme le Recueil de ce que l'Histoire Ecclésiasti-
" que peut opposer de plus victorieux aux Incrédules sur

« l'Authenticité & l'Intégrité des Titres primitifs de la Ré-
« vélation. Malgré une foule d'Ecrits que le zele du Chri-
« stianisme a inspirés, & dont le mérite est suffisamment con-
« nu, nous osons avancer que celui-ci manquoit aux Let-
« tres Sacrées » (1).

J'ai l'honneur d'être avec des sentimens inviolables d'estime, de considération & de respect,

MONSIEUR,

A Rome, 30. Septembre 1773.   *Votre très-humble & très-obeissant serviteur,*
P. A. ROMAIN.

(1) *Journal Encyclopédique,* Tom. IV. part. III. 15. Juin 1773. pag. 395. suiv.

APPENDIX
DE L'EDITEUR
Au sujet d'une Lettre écrite d'Oxford par un Savant d'Angleterre.

DANS le tems même que j'étois près de terminer cette Edition, l'on m'a communiqué une Lettre en Anglois, datée d'Oxford le 8. Mars 1774., & qu'un Savant d'Angleterre a jugé à-propos d'écrire au P. Fabricy au sujet des *Titres primitifs de la Révélation.* Comme cette Lettre est pleine de reproches très-graves contre l'Ouvrage de notre Théologien de Casanate, & qu'elle annonce assez clairement qu'on les fera revivre dans les

Prolégomenes que M. Benjamin Kennicott mettra (1) à la tête de sa grande Collection des Variantes du Texte Hébreu, je pense que je ne pouvois guere me dispenser de montrer ici combien ces reproches sont dénués de fondement. Pour le prouver, il me suffira de faire quelques remarques sur cette Lettre ; mais il faut auparavant exposer en gros quel en est le contenu.

 M.** témoigne d'abord dans cette Lettre, combien il est surpris de ce que contient le Livre du Théologien de Casanate touchant les *Titres primitifs de la Révélation*, & surtout quel est son étonnement de voir, dit-il, que l'Auteur y a déployé tout son zele & tout son savoir contre un Ouvrage dont il ignore entiérement la nature. M.** lui reproche d'avoir au-moins méconnu dès le frontispice même de son Livre, l'objet & le plan d'une entreprise qu'aucun Savant ne peut ignorer; en deux mots, d'en avoir donné non seulement une idée aussi fausse qu'elle est démentie par tout ce que M. Benjamin Kennicott en a publié lui-même, mais encore de ne s'être occupé qu'à représenter cette entreprise sous un aspect le plus défavorable & le plus odieux.

 Une autre chose qui n'a pas moins étonné l'Auteur de la Lettre en question, c'est que lors même que le P. Fabricy comble d'éloges les travaux de M. Kennicott, il met tout en œuvre pour faire considérer ce savant Anglois comme une personne qui veut en imposer au Public par son Recueil de prétendues Variantes en grand nombre & très-importantes, quoiqu'elles ne soient au fond, selon notre Théologien, ni aussi nombreuses, ni aussi intéressantes que l'assure M. Kennicott. De-là M.** prend occasion de se récrier vivement contre ce que notre Auteur avoit avancé dans son II. Volume (pag. 512. suiv. & Not.) des *Titres primitifs*, au sujet des Manuscrits de la Bibliothéque Royale du Turin, & lui dit que ces Mss. ainsi que ceux de la Bibliothéque même de Casanate & de quelques autres Villes d'Italie, déjà collationnés, fourniront une démonstration sensible (*ocular demonstration*) de l'existence de ces sortes de Variantes, & de ce qu'on peut supposer avoir été

---

(1) Vid. ejusd. Opusculum inscriptum : *De statu Collationis Hebraicorum Codicum Manuscriptorum Veteris Testamenti (finito anno 1765.) octo ab hinc annis ab eodem instituta*, Oxonii 1765. pag. 15. seq. & alibi.

découvert jusqu'à préſent par M. Kennicott. M.** nous certifie enfin que la publication de l'Ouvrage du Docteur Anglois eſt aſſûrée ; qu'on en a déjà imprimé juſqu'au 35. Chapitre de la Géneſe (& c'eſt de quoi nous nous rejouïſſons bien ſincérement avec M. Kennicott) ; qu'honorée de la protection, & du ſuffrage de ce qu'il y a de plus reſpectable dans toute l'Europe, à Rome même à laquelle cette entrepriſe eſt redevable d'une partie de ſa réputation, la Collection des diverſités de Leçons du Texte Hébreu, faite par M. Kennicott, eſt entiérement à l'abri des traits injurieux du Théologien de Caſanate, comme de tout autre Ecrivain. M.** termine ſa Lettre en ſe déclarant le ſincere ami du P. Fabricy, malgré tout le mal que celui-ci a dit de la façon de penſer du Docteur Anglois, quels que ſoient auſſi les petits artifices que notre Théologien a employés, ſelon lui, pour exalter ſon propre jugement & même ſa *Religion* aux dépens du ſavoir de M. Kennicott.

Il faut avouer que ces plaintes ſont graves ; mais ſont-elles fondées ? Un court expoſé des vûes de notre Ecrivain va en faire ſentir la frivolité. Je tâcherai toutefois d'éviter les redites, autant qu'il me ſera poſſible, pour ne point ennuyer le Lecteur.

I. Rien n'eſt plus rare que le talent d'approfondir, de creuſer les matieres & d'enviſager les objets par toutes leurs faces. Sans ce talent qui en effet eſt extrémement rare, l'on s'expoſe à tomber dans des écarts, quelquefois honteux ; l'on confond les choſes les plus ſimples : faute de ſavoir combiner les points divers auxquels peut tendre un même objet, en en faiſiſſant tous les rapports qu'ils ont entre eux, l'on attribue à un Ecrivain des idées entiérement diſparates, & ſouvent contraires à ce qu'il s'eſt propoſé de traiter dans ſes Ouvrages. L'on ne ſauroit donc trop étudier l'eſprit d'un Auteur, avant que d'entreprendre d'en critiquer les Ecrits. Il eſt de l'équité de le juger ſelon ſes lumieres & ſes vrais ſentiments.

C'eſt à cette ſeule conſidération qu'il ſuffiroit de ramener l'Auteur de la Lettre en queſtion, pour lui prouver que ſes reproches démontrent qu'il a lû ſuperficiellement les *Titres primitifs*, ou qu'il affecte de ne pas comprendre & quel eſt le deſſein de cet Ouvrage du Théologien, & quelle eſt la raiſon du titre qu'on lit à la tête de ſes deux Volumes.

Arrêtons-nous au titre du Livre. Ce même titre expliqué tout & rend raiſon de tout. L'Auteur y annonce une nouvelle Edition projettée du Texte de nos Ecritures Hébraïques, conféré avec les Manuſcrits Hébreux, & avec les anciennes Verſions. Quelle eſt donc l'objet de ce titre ? Eſt-ce que l'Auteur n'y auroit eu en vûe que les travaux de M. Kennicott, ou qu'il ſe ſeroit mépris groſſiérement ſur l'entrepriſe du Docteur Anglois ? Non ſans doute.

Il y a des choſes qui ſe reſſemblent par le rapport intime qu'elles ont entre elles, quoiqu'elles paroiſſent les plus différentes. La Collation des Manuſcrits Hébreux & des anciennes Verſions avec notre Texte Hébreu communément reçu eſt un projet infiniment éloigné, ſi j'oſe ainſi m'exprimer, d'un ſimple Recueil des diverſités de Leçons de ce même Texte d'après les Manuſcrits Hébreux. Dans celui-ci l'on ne voit qu'un pur Compilateur, ou ſi vous voulez, un Grammairien qui n'amaſſe tout-au-plus que des matériaux ſouvent informes, peut-être même de nul ou de preſque peu d'uſage. L'autre plan ne peut s'exécuter que par un homme d'un goût ſûr & éclairé: il exige une infinité de connoiſſances: ce ne ſauroit être enfin que la tâche d'un homme de génie. Mais, quoique l'un & l'autre de ces deux Ouvrages ſoient très-différents, peut-on nier qu'ils n'ayent entre eux un rapport bien marqué ?

Le Théologien de Caſanate a tenté d'embraſſer dans ſon Ouvrage tout ce que la Critique Sacrée a de plus remarquable relativement à l'Intégrité du Texte primitif des Livres Sacrés de l'Ancien Teſtament. Il étoit donc d'une abſolue néceſſité d'y rechercher par quelles voies on pourroit parvenir au but d'un deſſein auſſi vaſte qu'il eſt intéreſſant pour la Religion. Or, comment arriver à le remplir, ce même deſſein, ſans entrer dans une foule de diſcuſſions entiérement dépendantes de l'état où ſe ſont trouvés anciennement & où ſe trouvent de nos jours notre Texte Hébreu & nos anciennes Verſions; ſans préſenter quelques vûes générales ſur nos Manuſcrits Hébreux; ſans rapprocher encore de ce deſſein le plan que le Docteur Anglois limite à une ſimple Collection de Variantes d'après les mêmes Manuscrits; enfin sans montrer en même-tems les avantages que la Religion & les Lettres pouvoient se promettre d'un pareil travail?

Le titre mis à la tête de l'Ouvrage du Théologien de Casanate, ne pouvoit mieux réunir sous un seul point de vûe tous les rapports qu'ont ces matieres, quelque différentes qu'elles soient entre elles.

L'Auteur de la Lettre a beau dire que l'entreprise du Docteur Anglois n'est qu'un Recueil des Variantes puisées dans les seuls Manuscrits Hébreux. Le Théologien de Casanate ne l'ignoroit point, & il en a donné des preuves demonstratives dans son Ouvrage sur les *Titres primitifs de la Révélation*.

Je ne disconviens point qu'il a avancé (Tom. I. pag. 13.) que M. Kennicott *sembloit nous promettre* quelque chose de plus qu'une simple Collection des Variantes du Texte Hébreu. Il a dit aussi (Tom. II. pag. 335.) en venant au projet tel que le porte le titre de son Ouvrage, que ———"quelque
" vaste qu'il soit, ne le regardons point comme absolument
" impossible. Les travaux dont nous jouissons, & ceux qu'un
" savant Anglois *semble* nous faire attendre depuis plusieurs
" années, nous annoncent qu'on ne doit point désesperer
" de voir enfin exécuter ce plan, tout difficile qu'il est ".
Mais notre Théologien avertit en-même-tems dans une Note qui est au bas de cette page, qu'il parlera ailleurs de ce que M. Benjamin Kennicott nous promet de relatif au même projet. Et c'est précisément ce que le Docteur Anglois a en vûe de faire; c'est aussi ce que l'Auteur de la Lettre à notre Théologien auroit trouvé spécifié dans tout le détail possible, en lisant depuis la page 467. jusqu'à la 514. du même second Volume.

Pour s'épargner tant de lecture, il auroit pu au-moins consulter la Préface de l'Auteur, dans laquelle on ne sauroit caractériser l'entreprise de M. Kennicott, ni analyser l'idée de son Recueil de Variantes avec plus de clarté & de précision qu'on le fait à la page 202. du Discours Préliminaire.

Il ne faut donc juger des sentimens de l'Auteur touchant ce que le Docteur Anglois SEMBLOIT d'abord se proposer dans sa Collection des diversités de Leçons, que relativement au plan général des CONSIDERATIONS CRITIQUES de noce Ecrivain *sur l'Intégrité du Texte Hébreu*. Le titre de son Ouvrage offre assurément des vûes dépendantes des travaux de M. Kennicott d'après les Mss. Hébreux, mais des vûes qui dévoient avoir leurs bornes, ainsi qu'on le dira plus bas, & c'est en quoi ces vûes différent de celles que remplit le savant Anglois. L'ensemble même du plan de notre Théologien annonce moins un projet qu'il ait prétendu exécuter, qu'une idée de ce qu'on pourroit, de ce qu'on devroit même faire sur cette importante matiere, pour imprimer à nos Divines Ecritures Hébraïques le dernier sceau d'Intégrité & d'Authenticité, qu'elles peuvent recevoir de la main des hommes.

Quel mal est-ce enfin d'avoir écrit que M. Kennicott iroit probablement au-de-là de ce qu'il nous promettoit? Devroit-on s'étonner d'une telle maniere de s'énoncer? Quoi! Les travaux du Critique Anglois sur l'état présent de nos Ecritures Hébraïques ne sembloient-ils pas nous mener à un plan bien plus étendu que ne l'est celui auquel il juge à propos de se borner maintenant par une Collection de Leçons d'après les Manuscrits Hébreux? Ignore-t-on que dans ses deux Dissertations qu'il publia en Anglois à Oxford en 1753. — 1759. en deux Voll. in-8. sur l'*Etat présent du Texte Hébreu imprimé*, il fait beaucoup d'usage des anciennes Versions pour appuyer les Variantes qu'il avoit déja puisées dans quelques Manuscrits Hébreux? Ne le voit-on pas ramener plus d'une fois son Lecteur à l'autorité des mêmes Versions dans ses différents *Etats de Collation* des mêmes Manuscrits. Le seul Programme qu'il publia à Oxford, le 18. Décembre 1760. au sujet de son entreprise, en est une preuve démonstrative (1).

A quelle fin en appelle-t-il si souvent au témoignage de ces Versions? Pourquoi aussi nous dit-il ailleurs (2) qu'on

---

(1) " Codices Manuscripti Hebraici non solum corrigunt multos, " ex iis erroribus, qui per octingentos vel mille annos proxime ela- " psos fuerunt admissi, verum etiam confirmant auctoritatem Græcæ, " Syriacæ, aliarumque veterum & veneratione dignarum VERSIO- " NUM: quæ (intra certos limites) alios detegunt errores, eosque " a Christi & APostolorum temporibus introductos " - *De Collatione Hebraicorum Codicum Manuscriptorum Veteris Testamenti*, §. *IV*. pag. 2. vid. & §. *XII*. pag. 3.

(2) *The ten annual accounts of the Collation of Hebrew Mss. of the old*

lui a communiqué les diversités de Leçons qu'offrent les deux TALMUD & les RABBOTH ? Dans quelle vûe enfin a-t-il fait tirer copie (1) d'un Manuscrit de la Bibliothéque du Vatican, où se trouve un recueil des Variantes que donnent les Paraphrases Chaldaïques imprimées dans la Polyglotte d'Anvers, dans la Grande-Bible-Rabbinique publiée par Buxtorf, & les mêmes Paraphrases que renferme un excellent Manuscrit de la même Bibliothéque ?

Tant de recherches ne *sembloient*-elles pas nous promettre que M. Kennicott ne se borneroit point à collationner simplement le Texte Original sur les Mss. Hébreux que nous en avons, ou à faire imprimer ce même Texte avec un simple recueil des Variantes tirées des mêmes Mss.? Tout cela *paroissoit* annoncer que M. Kennicott feroit probablement entrer, dans sa Collection, ainsi que le dit (2) notre Théologien, ces mêmes Variantes, pour en fixer le véritable prix.
—— " Pourquoi, ajoute notre Ecrivain, M. Kennicott n'en
" feroit-il pas autant de ce qui tient aux anciennes Versions?
" Son Ouvrage en deviendroit-il moins intéressant " ?
D'ailleurs est-il probable que dans les Prolégomenes qu'il mettra à la tête de sa grande Collection en 2. Volumes de gros format in fol., il ne renouvelle tous ses principes épars çà & là dans ses différentes Dissertations qu'on a vûes en Anglois, en François & en Latin ? L'on ne doute point non plus que, pour faire sentir toute l'importance, toute la grandeur de son travail, & combien les Manuscrits abondent de Variantes du plus grand intérêt, ses mêmes Prolégomenes n'offrent quantité d'exemples, où il appréciera plusieurs de de ces diversités de Leçons, en les comparant avec le Texte des anciennes Versions. Du-moins c'est ce qu'il devroit faire, après tout ce qu'on a vû là-dessus dans les différentes Brochures qu'il a publiées relativement à cet intéressant objet.

Que M. Kennicott ne s'exprimoit-il donc avec moins

Testament; begun in 1760., an compleated in 1769. By Benj. Kennicott &c. Ou *Relation annuelle de la Collation des Mss Hébreux de l'Ancien Testament, commencée en* 1760. & *finie en* 1769. A Oxford 1770. Relation VII. & IX. pag. 114. 156.

(1) Vôyez *Des Titres primitifs de la Révélation*, Tom. II. pag. 469. Not.
(2) *Ibid. loc. cit.*

d'Amphibologie, si M. *** vouloit qu'on parlât de cette entreprise du savant Anglois en de tout autres termes que ceux dont s'est servi le Théologien de Casanate. Ainsi tant s'en faut que notre Ecrivain ait donné de la Collection dont il s'agit, une idée absolument fausse ; qu'au-contraire il ne pouvoit la mieux caractériser, ni s'exprimer en des termes plus flatteurs, ni plus honorables pour M. Kennicott, lorsqu'il vient à analyser le plan d'un projet si vaste. C'en est bien assez sur cet article. Je vais réunir sous une autre considération ce qu'on peut répondre aux autres reproches faits à notre Théologien.

II. Qu'un Ecrivain se ressente de ce qu'on ose contredire ses idées, l'on ne doit pas en être surpris ; mais que ce même Ecrivain, sous le faux prétexte qu'on n'a point compris qu'elle est sa véritable marche, persiste à défendre des hypothéses que reprouve la saine critique, & fasse de nouveaux efforts pour faire perdre de vûe le vrai point de la question, ce sont de ces écarts contre lesquels on ne sauroit trop se récrier.

L'objet du IV. Mémoire de l'Ouvrage du Théologien de Casanate roule sur ce grand principe, savoir ; que les diversités de Leçons qu'offrent les Manuscrits Hébreux ne sont ni aussi importantes, ni aussi essentielles que le prétendent quelques Critiques. C'est à cette fin qu'il employe tout ce IV. Mémoire à justifier l'Intégrité du Texte primitif de l'Ancien Testament, par les disputes Littéraires survenues touchant le même objet, dans les XVII. & XVIII. siécles de l'Ere Chrétienne. Jamais on avoit vu discuter cette matiere avec plus de détails que ceux que l'on trouve sur ce sujet dans ledit Mémoire: il falloit cependant s'y préscrire des bornes. Aussi l'Auteur s'est-il contenté d'y présenter sur quelques points, quoique très-dépendants de son sujet, des vûes générales, en se reservant toutefois le droit de reprendre la même matiere, lorsque M. Kennicott auroit publié sa Collection des Variantes du Texte Hébreu. Le P. Fabricy s'est énoncé là-dessus d'une matiere si précise qu'il seroit inutile d'y insister. En donnant, par exemple, quelques vûes générales sur les Manuscrits Hébreux, connus de nos jours, l'Auteur avoit rempli suffisamment son dessein.

Puis qu'il est incontestable que, de quelque nature que soient les diversités de Leçon qu'on trouve dans les Manuscrits Hébreux, & quel que soit le nombre de ces Variantes, elles ne touchent point essentiellement aux Vérités dogmatiques & morales, consignées dans nos Ecritures communément reçues, c'eût été assurément un hors-d'œuvre de faire parade d'une compilation de ces mêmes Leçons d'après plusieurs Manuscrits. N'oublions point cette Observation.

Mais l'Auteur a dit, & il le soutient encore, que ces diversités de Leçons ne sont ni aussi nombreuses, ni aussi essentielles, ni aussi importantes que le prétend M. Kennicott. Le Théologien a même appuyé cette assertion en avançant (1): entre autres choses, que ―――― " S'il est permis de juger de " la qualité des Manuscrits que M. Kennicott fait beaucoup " valoir pour sa nouvelle Edition du Texte Hébreu, par " ceux qui nous sont tombés entre les mains, & desquels le " sçavant Anglois a reçu les Collations ; ne pourrions-nous " pas nous défier de ces belles découvertes dont il s'ap- " plaudit, peut-être avec un peu trop d'emphase " ? Le Théologien avoit ajouté qu' ―――― " Il s'en faut bien cepen- " dant que ces Manuscrits d'Italie donnent des diversités de " Leçons aussi nombreuses & aussi importantes que M. Ken- " nicott nous le fait attendre dans ses différents Etats de " Collations & en parlant des Variantes en général ".

C'est principalement là-dessus que l'Auteur de la Lettre en question se récrie avec bien de la vivacité contre le Théologien, comme s'il n'eût eu d'autre dessein que de faire passer M. Kennicott aux yeux du Public pour une personne qui veut en imposer par son Recueil de prétendues Variantes. Non, le Théologien n'a jamais eu des vûes si peu honnêtes, au-contraire il n'a cessé de témoigner dans son Ouvrage combien il faisoit cas des talents de M. Kennicott ainsi que de sa personne : les éloges qu'il a donnés au savant Anglois étoient bien sinceres. Persuadé cependant que ce Recueil de Variantes ne pouvoit qu'être mal conduit, eu égard aux principes faux, qui semblent en diriger l'entreprise, le Théologien n'a

―――――――――――――――――――――――
(1) *Des Titres primitifs &c.* Tom. II. pag. 509. suiv.
(1) *Ibid.* pag. 513.

pu diſſimuler ſes véritables ſentiments & ce qu'il penſoit de ceux du Docteur Anglois. Pourquoi le taire? Doit-on ſe laiſſer éblouir par la réputation d'un Ecrivain, & ſur quelques traits de grandeur, qu'on remarquera dans ſon Ouvrage ou dans ſes projets Littéraires, faut-il prononcer hardiment que tout y eſt incomparable, que tout y eſt digne de nos éloges?

L'on a dit cent fois que la République des Lettres eſt un Etat parfaitement libre, où tous les citoyens jouiſſent des mêmes priviléges, quoiqu'ils n'y ayent pas les mêmes honneurs: les plus illuſtres n'y ont d'autres droits que ceux qui ſont appuyés ſur le mérite & les talents: le plus obſcur n'excede pas les bornes de ſon pouvoir, quand il entreprend de les juger. Tout dépend d'avoir la juſtice & les vrais principes pour fondement de ſes déciſions (1).

Quelque bien pourvu que l'on ſoit de matériaux pour exécuter un plan très-difficile en ſoi-même, il faut les digérer & les refondre plus d'une fois avant que de les employer. C'eſt auſſi ce qui a fait dire à notre Théologien:
— " Qu'une fauſſe idée de richeſſes Littéraires ne vien-
" ne pas nous éblouir. Ce n'eſt pas dans la pluralité des
" variantes, purement numérales, que conſiſte le véritable
" prix des Manuſcrits Hébreux: cette abondance ne ſeroit
" bonne qu'à remplir les *Porte-feuilles* d'un Compilateur
" mal adroit & ſans goût. Le vrai Critique ne fait cas de
" la quantité des diverſités de Leçons que par celle de leurs
" valeurs " (2).

Les diverſités de Leçons peuvent paroître d'abord très-nombreuſes, & le ſont en effet, quand on jette les yeux ſur les Manuſcrits Hébreux, & qu'on rapproche ceux-ci de nos meilleures Editions. Je fus au premier aſpect comme étonné d'une telle quantité de Variantes ; mais cette ſurpriſe ceſſa bien-tôt, lorſque j'examinai ſans prévention & en Critique la nature de tant de Variantes éparſes dans nos Manuſcrits. Ce qui m'eſt arrivé à moi-même, eſt préciſément le cas où s'eſt trouvé notre Théologien. Je ſais qu'il a eu plus d'une

(1) *Les trois ſiécles de notre Littérature*, &c. Paris 1772. Préface pag. 11.
(2) *Des Titres primitifs* &c. Diſcours Prélimin. part. II. pag. 215. ſuiv.

de ces piéces entres fes propres mains ; & que fans fe fier aux yeux d'autrui, il les a confultées lui-même.

L'Auteur de la Lettre penferoit-il que notre Théologien, de concert avec le Révme P. Georgi & Feu l'Abbé Theolli, auroit donné fans connoiffance de caufe un témoignage (1) authentique de la fidélité & de l'exactitude du travail du favant M. Antoine Conftance, concernant les Leçons extraites de quelques Mfs. de Rome ? Croiroit-il, dis-je, que notre Ecrivain eût foufcrit à l'aveugle un tel certificat, fans avoir vû de fes propres yeux ce qu'étoient ces fortes de Leçons ? Il fe tromperoit lourdement.

Que M. * * apprenne donc que notre Théologien auroit pu produire au grand jour quantité de Variantes, d'après ces mêmes Manufcrits du Vatican, de la Bibliothéque Angélique, de la Bibliothéque des Maronites, de celle enfin de Cafanate. En effet, combien de fois n'ai-je pas vû le Théologien prefque déterminé à faire imprimer à la fuite de fon Ouvrage, un affez grand nombre de ces mêmes Leçons, qu'il conferve encore chez lui ? Mais où eût conduit une telle idée ? A quoi bon, me difoit-il, groffir un Ouvrage par une compilation qui au fond lui eft entiérement étrangere ? C'en eft fans doute affez que l'on fache en quoi confiftent en général ces fortes de Leçons, pour pouvoir prononcer fans craindre d'errer, qu'elles ne font point telles que le prétendent certains Critiques & même le Docteur Anglois.

C'eft d'après cette confidération que notre Théologien a dit que les Manufcrits des Bibliothéques de Rome ne donnoient point cette quantité prefque immenfe de diverfités de Leçons, auffi intéreffantes qu'on pourroit fe l'imaginer. Dès-lors, ajoutoit-il, quel jugement devra-t-on porter des autres Variantes qu'on pourra trouver, & qui exiftent en effet dans les Manufcrits connus, employés jufques à préfent pour la grande Collection de M. Kennicott ? Ce docte Anglois croit-il que toutes ces diverfités de Leçons font de même nature, que celle, par exemple, qu'il a difcutée fort au-long dans fes

(1) Vid. Cl. B. Kennicott Opufculum cui titulus eft : *De Statu Collationis Hebraicorum Codicum Manufcriptorum Veteris Teftamenti (finita anno 1764.) quinque ab hinc annis inftitutæ*. Oxonii 1764. pag. 7.

F 2

Remarques Critiques sur I. Samuel, *Chap.* VI. *vers.* 19. au sujet des Bethsamites ? Je sais, & notre Théologien n'a point manqué de le faire observer (1), que l'on ne doit point s'inscrire en faux contre toutes les Variantes. " Il y en a sans " doute, dit-il (2), qui sont dignes de l'attention des Criti-" ques ". Telle est celle du passage du I. Livre des Rois, qu'on a cité. Mais quand même elles seroient la plûpart du tems d'un aussi grand intérêt que celle qui concerne les Bethsamites ; supposé encore que les Manuscrits Hébreux, que M. Kennicott a consultés, nous offrissent des milliers de Variantes, ainsi qu' il le dit lui-même (3) dans un de ses Etats de Collation des Mss. Hébreux, PLUSIEURS DESQUELLES, selon lui, INTERESSENT L'HONNEUR DE LA REVELATION ; que s'en suivroit-il d'une telle découverte ? Ces Variantes mériteroient sans doute, comme l'observe notre Théologien (4), l'attention de ceux qui aiment la Religion & les Lettres ; mais cette même Religion & la bonne Littérature ne seroient pas moins en droit d'approfondir la nature de pareilles Leçons, & en les appréciant à leur juste valeur, d'en faire rentrer le plus grand nombre dans l'ordre de celles qui ne viennent que de l'inadvertance ou de la liberté des Copistes (5).

Il y a cependant une observation importante à faire, qui pourroit donner du poids à une Variante quelconque, c'est lorsqu'on trouveroit cette Leçon conforme aux anciennes Versions (6) ; mais ces sortes de Leçons seront-elles bien nombreuses & toutes également intéressantes ? A ces Variantes

---

(1) *Des Titres primitifs de la Révélation*, Tom. II. pag. 511. Not.
(2) *Ibid.*
(3) *The ten annual Accounts of the Collation of Hebrew Mss. of the Old Testament. Account* X. an. 1769. pag. 135.
(4) *Des Titres primitifs*, loc. cit pag. 500.
(5) Ce que le Théologien de Casanate a fait observer en passant, au sujet de la Variante concernant le I. Livre des Rois, Chap. VI. vers. 19., indique suffisamment ce qu'on pourroit faire sur ces sortes de diversités de Leçons. Voyez *Des Titres primitifs &c. Discours Prélim.* part. II. pag. 205. suiv. Not.
(6) M. Kennicott nous assure (*loc. cit. pag.* 142.) qu'il a trouvé plusieurs Mss. Hébreux qui présentent de pareilles Leçons, qu'on ne voit point dans nos Editions du même Texte : & ces Leçons s'accordent, dit-il, avec les Versions Grecque & Syriaque.

près, quelle preuve me donnerez-vous, dirai-je au favant Anglois, que telle ou telle autre Leçon qu'offrent vos Manufcrits, foit préférable à celle qui eft communément reçue, ou qu'elle foit plus authentique que la Leçon de nos Editions du Texte Hébreu ? Vos Manufcrits auroient-ils donc un dégré d'autorité ou, au-moins, d'ancienneté, que n'avoient point, felon vous, ceux dont les premiers Editeurs des Bibles Hébraïques fe fervirent dans le XV. fiécle & le fuivant ? Le Théologien de Cafanate vous a montré, jufqu'à l'évidence, que rien ne fent plus le paradoxe que tout ce que vous avez écrit fur ce fujet. Je vous renvoie à ce qu'il a dit des premieres Editions de nos Bibles du Texte Hébreu. Sachez qu'on ne fera point en peine d'apprécier également l'autorité comme l'antiquité des autres Manufcrits dont vous vous êtes fervi pour votre Collection. Aurez-vous enfin recours au témoignage des anciennes Verfions (1) pour appuyer les nouvelles Leçons qu'offrent vos Manufcrits ? Mais c'eft-là où l'on vous attend encore, fi j'ofe m'exprimer de la forte.

Ce n'eft point que le Théologien de Cafanate veuille condamner votre entreprife ; il la croit utile ; mais il doute beaucoup & avec fondement, que votre Collection foit telle que vous l'avez foutenu dans tous vos Ecrits analogues au même objet. Sans faire une vaine oftentation de citer plufieurs Variantes qu'il trouvoit dans des Manufcrits des Bibliothéques de Rome, & defquels on vous avoit envoyé la Collation, le Théologien de Cafanate s'eft contenté d'en appeller à votre propre témoignage & à certaines Régles de critique, que vous avez pofées vous-même. Il vous a fuivi dans quelques Variantes que vous aviez produites contre la Leçon reçue ; il a difcuté ces Variantes ; il les a examinées au flambeau de la faine critique ; il en a montré l'inutilité : enfin il en a fait autant de quelques corrections que vous vouliez introduire au préjudice du Texte Hébreu imprimé. Ce font toutefois ces mêmes Variantes que vous nous dites être du dernier intérêt. Si toutes ou, du-moins, fi la plupart de celles que vous eftimez tant, ne font pas plus effentielles que les Le-

---

(1) Voyez *Remarques détachées fur les Variantes en général,* &c. §. XIX. ——— XXI. à la fin du Tom. II. *Des Titres primitifs,* pag. 528. fuiv.

çons dont le Théologien & vos Critiques ont déjà fait voir le peu d'autorité & d'utilité ; eſt-ce raiſonner contre la bonne Logique de conclure que ces diverſités qu'on trouve entre notre Texte Hébreu commun & les Manuſcrits connus, ne ſauroient être, ni auſſi nombreuſes, ni auſſi intéreſſantes que vous le ſoutenez avec tant d'emphaſe dans vos différens *Etats de Collation* ?

Il eſt vrai que le Théologien n'a point vû, ni pu voir tous les Manuſcrits que vous avez été à portée de conſulter, que vous avez même collationnés pour votre Edition. Mais qu'étoit-il néceſſaire qu'il fît tant de recherches ? Ces diverſités de Leçons qui exiſtent dans les Manuſcrits, fuſſent-elles-mêmes toutes des Variantes proprement dites, ignorons-nous qu'il y a des Régles qu'un bon Critique ne doit point négliger pour ſavoir ſi telle ou telle variante doit appartenir à la Leçon primitive du Texte Original ? Il ſeroit très-inutile de reproduire ici ces mêmes Régles : notre Théologien n'a pas manqué de les toucher dans ſes Mémoires à meſure que l'occaſion s'en eſt préſentée, & il en a donné un réſumé à la fin de ſon Ouvrage. En-vain prétendrez-vous que ces Régles ſont arbitraires. Ce n'eſt pas aſſez de le dire : il faut que vous le prouviez.

Le Théologien de Caſanate eſt très-éloigné de penſer avec les Buxtorf, les Waſmuth, & d'autres célèbres Hébraïſants, que l'Ouvrage des Maſſorethes ſoit un Ouvrage tout divin ; & que ces anciens Juifs nous ayent tranſmis dans toute ſa pureté primordiale le Texte Hébreu, tel que nous le repréſentent nos Editions communes. Il y a un certain milieu à garder là-deſſus : les extrêmes ſont des vices que reprouve la ſaine Littérature. Mais il n'eſt pas moins vrai de dire que nous ſommes infiniment redevables aux Maſſoréthes pour les travaux qu'ils nous ont laiſſés relativement à nos Ecritures Hébraïques, quelque minutieuſes que ſoyent d'ailleurs les Obſervations qui nous reſtent des mêmes Docteurs Juifs ſur ces Titres primitifs de notre Culte. On a beau le dire : oui, toute imparfaite qu'a été la Maſſore ou cette doctrine traditionnelle des anciens Juifs concernant le Texte Hébreu ; toute imparfaite qu'elle eſt de nos jours ; elle a ſervi ſûrement DE HAYE A LA LOI, parce qu'en effet il n'y a rien d'essentiellement corrompu dans notre Texte Hébreu imprimé, du-moins quant aux vérités Dogmatiques & Morales comme à la suite de l'Histoire du Peuple de Dieu. Aussi notre Théologien a-t-il eu raison de défier ces Critiques hardis & présomptueux, dont il a exposé les différentes hypothéses touchant la même matiere, de jamais appuyer leurs assertions sur quelque fondement solide. Et comment trouveroit-on à les appuyer d'une maniere stable, puisqu'elles ne peuvent conduire qu'à bouleverser tout le dépôt de la Foi?

Revenons au principe d'où nous sommes presque parti pour répondre au second Chef des reproches formés contre le Théologien. Nous ne saurions trop inculquer ce principe: il nous fera saisir sûrement le vrai point de la question entre le Théologien de Casanate & le Docteur Anglois.

Notre Ecrivain avoit fait observer à-dessein, dans son II. Volume *Des Titres primitifs* (pag. 499.), que M. Kennicott convenoit dans une de ses Dissertations (1), que les Variantes ne touchoient point essentiellement aux vérités de la Foi & de la Morale. Cet aveu est remarquable; il ne faut point le perdre de vûe. Mais comment accorder un aveu si important avec ce que le docte Anglois nous dit de toutes ces diversités de Leçons dont *plusieurs intéressent l'honneur de la Révélation?* Qu'entend-t-il en effet par cette façon de s'énoncer sur une matiere si délicate? Est-ce que les Variantes que contiendra sa Collection, donneront d'autres vérités Morales, de nouveaux Dogmes inconnus à nos Peres, enfin toute une autre suite de l'Histoire Sacrée, que celle que nous avons dans notre Texte commun?

Qu'entend-t-il encore par ces *Erreurs* (2) introduites même depuis le tems de Jesus-Christ & des Apôtres, & que corrigent les Manuscrits qu'il a collationnés? L'Eglise cette colomne de la vérité, auroit-elle donc permis que le dépôt des Ecrits Sacrés eût été confié à des mains profanes, qui les auroient, pendant un si long tems, laissé altérer ou corrompre? Et l'on auroit toléré un tel abus! Ce langage inouï dans l'Eglise du Seigneur ne peut qu'armer les ennemis de

---

(1) *The state of the printed Hebrew Text, &c. Dissert.*I. *Tom.* I. *pag.* 11.
(2) Voyez ci-dessus, *pag.* 78. *Not.* 1.

la Foi contre nos Dogmes, contre tout ce que nous avons de plus facré. Mais que ce langage eft frivole ? Tous nos Monuments Eccléfiaftiques le démentent.

N'attribuons point au Docteur Anglois des fentiments fi peu conformes à l'idée qu'il nous donne ailleurs de fon entreprife. Difons plûtôt avec notre Théologien de Cafanate, que " nous ne devons point nous arrêter fur ces fortes d'ex-
" preffions d'un Ecrivain à qui les plus légeres inadvertan-
" ces de Copiftes paroiffent des monftres qu'il faut anéantir,
" parce qu'ils dégradent la majefté & l'excellence des Di-
" vines Ecritures " (1).

Que M. Kennicott que nous eftimons bien fincérement, nous permette de lui dire qu'il ne s'imagine point que fa Collection, quelque immenfe & toute intéreffante qu'il la fuppofe, nous faffe jamais abandonner notre Texte communément reçu. Il en fera de fon grand Recueil des Variantes du Texte Hébreu, ce qui en a été de la grande Collection du docte Mill, retouchée par le favant Kufter (2), concernant les diverfités de Leçons Grecques du Nouveau Teftament. Les Juifs & les Chrétiens s'en tiendront toujours à nos Editions Hébraïques, comme nous nous en tenons encore (à quelques différences près & de peu d'importance) au Texte Grec donné d'abord par nos Editeurs au commencement du XVI. fiécle. Tout-au-plus quelque Savant ou quelque Critique fera ufage de la Collection de M. Kennicott pour redreffer un nombre affez limité de certains paffages de nos Ecritures de l'Ancien Teftament, dans lefquels il paroît que le Texte Hébreu n'eft point entiérement exempt des inadvertances des Copiftes. Car enfin ce font des hommes qui ont copié ce Texte : ces hommes n'ont point été infaillibles, & ne pouvoient l'être. Mais quelles que foient ces méprifes; ni la Foi, ni les Mœurs n'y font point intéreffés, parce que ce même Texte eft effentiellement pur & intégre.

Je fuis très-perfuadé que M. Kennicott a de bonnes vûes ; le Théologien de Cafanate lui a rendu là-deffus toute la juftice que méritent les travaux d'un Savant fi avantageufement connu dans la République des Lettres. Sa Col-

---

(1) Voyez Des Titres primitifs &c. Tom. II pag. 500.
(2) Ibid. pag. 514. Not. 2. & pag. 515. fuiv. Not. 1.

lection de Variantes intéressera sans doute la Religion, parce que tous les Manuscrits connus, collationnés les uns avec les autres, formeront une démonstration complette de la Vérité Hébraïque, telle qu'elle est dans nos Bibles imprimées. C'est principalement sous ce point de vûe qu'on doit envisager l'importance, je dis même la nécessité des travaux du Docteur Anglois; c'est par-là aussi qu'il se rend véritablement digne de la reconnoissance du Public.

Mais je ne voudrois pas que le Docteur Anglois poussât si loin qu'il le fait, un certain enthousiasme Littéraire pour son immense assemblage de Variantes dont un très-grand nombre sont, selon lui, aussi essentielles qu'importantes. Il paroît que le savant Anglois ne se défie pas assez de ses Manuscrits Hébreux, & qu'il défere avec trop d'ardeur à leur autorité, quelque respectable qu'elle soit d'ailleurs. Les Mill & les Kuster ont tenu un langage bien plus modéré au sujet des Manuscrits Grecs du Nouveau Testament. Quoique la belle Collection de Mill, revûe par Kuster, offre des diversités de Leçons, qui vont même au de-là de 30,000. l'on voit cependant qu'il n'y en a aucune qui présente quelque variété considérable: tel est l'aveu qu'en fait Kuster. —— *Quoad ipsum Textum attinet*, LEVITER *tantum attingunt*, EXIGUO *discrimine inter se discrepent* (1).

Ces longs & pénibles travaux de Mill ne formeroient-ils pas un puissant préjugé en faveur des Leçons communément reçues du Texte Hebreu, de même qu'ils ont concouru à mettre dans tout son jour la certitude & la vérité des Leçons de nos Editions du Nouveau Testament?

Je ne sais si je me trompe; mais j'appréhende fort que de la maniere dont s'énonce l'Auteur de la Lettre en question, il ne nous fasse considérer le Docteur Anglois à-peu-près comme certains Antiquaires qui croyant posséder de précieux Monuments, seroient toutefois bien fachés qu'il se présentât quelque bon Connoisseur pour les désabuser: Quand même l'on seroit très-persuadé qu'ils sont dans l'erreur, il faut bien se donner de garde de les détromper: on leur apprendroit une vérité importune,

───────────────
(1) *Ludolph. Kusterus*, *Præfatio ad Lectorem de Editione Novi Testam. Græci Joann. Millii, ab se denuo recensita, &c. Amstelod.* 1709. pag. 1.

— Pol, me occidistis, amici ;
Non servastis, ait ; cui sic extorta voluptas,
Et demptus per vim mentis gratissimus error. (1).

Quoiqu'il en soit ; suspendons notre jugement : attendons, comme le Théologien de Casanate l'avoit déjà dit (2), que le Docteur Anglois ait publié sa grande Collection de Variantes, pour être mieux en état d'apprécier le mérite de cette entreprise. Je crois que M. Kennicott agit de très-bonne foi dans tout ce qu'il a recueilli d'après les Manuscrits Hébreux ; mais que faute d'avoir approfondi suffisamment la nature des Variantes des mêmes Manuscrits, faute aussi d'avoir voulu remonter aux véritables causes d'où elles sont parties, il a trop déprécié nos Editions Hébraïques. Je ne fais pas cette remarque pour jetter des ombres sur sa réputation : c'est uniquement pour empêcher que son éclat, à force d'éblouir, n'en répande sur l'esprit de ceux qui se livrent trop à l'Autorité.

J'ajouterai à ces Observations, que je ne comprends guere ce que M. * * entend à la fin de sa Lettre par le mot de RELIGION. S'il a en vûe le Corps auquel le Théologien de Casanate a l'honneur d'appartenir, rien n'est plus vrai de dire que tous ces grands hommes de l'Ordre de S. Dominique, qui se sont tant distingués dans la Littérature sacrée, n'avoient pas besoin des éloges de notre Ecrivain, quelque bien mérités qu'ils fussent. Ces grands hommes étoient déjà assez connus par les services importants, qu'ils ont rendus à l'Eglise du Seigneur, relativement à la matiere qui occupoit le Théologien dans ses *Considérations Critiques sur l'Intégrité des Divines Ecritures de l'Ancien Testament*. Le nom seul des Hugues-de-Saint-Cher, des Raymond-Martin, des Sanctes-Pagnini, des Malvenda, &c. fait leur éloge.

Si M. * * a prétendu faire allusion à la Religion Catholique, que le Théologien a le bonheur de professer par une grace spéciale de la Providence, quelle gloire n'est-ce pas pour notre Ecrivain d'avoir consacré sa plume à soutenir contre les insultes de l'Erreur les droits augustes d'une Eglise

---

(1) *Horatius, Epistolarum lib. II. epist. 2. vers. 138. seqq.*
(2) Voyez *Des Titres primitifs &c. Tom. 2. pag. 508. suiv.*

qui seule peut se vanter à juste titre d'être la conservatrice du Dépôt Sacré des Livres Saints.

Finissons par une réflexion qu'amenent naturellement les remarques que nous avons faites sur la Lettre du savant d'Angleterre à notre Théologien. Que M. ' * s'en prenne uniquement aux opinions peu sûres, quelquefois même erronées, que M. Kennicott a osé défendre principalement dans ses *Dissertations touchant l'Etat présent du Texte Hébreu imprimé*. Voilà ce qui a attiré au Docteur Anglois les animadversions de notre Ecrivain. Le Théologien a écrit sur cette importante matiere dans la seule vûe d'arrêter le progrès d'un système que reprouve la saine critique, & dont les conséquences ne peuvent qu'effrayer le simple Fidéle & enhardir les ennemis de la Foi.

Bien-loin que le Théologien de Casanate ait excedé les bornes de sa critique contre M. Kennicott, & qu'il ait mis trop de sévérité dans les jugements qu'il a portés de ce que la Religion & les Lettres peuvent se promettre de la grande Collection des Variantes du Texte Hébreu ; son Ouvrage touchant les *Titres primitifs de la Révélation* n'offre à ce sujet que des traits de modération & d'honnêteté. Il est vrai que le P. Fabricy a eu assez de force pour exposer dans son jour les vices inséparables des hypothéses de M. Kennicott ; mais en parlant de ce Projet qu'on exécute enfin à Oxford, il n'a point négligé d'en analyser les beautés : il a mis dans un point de vûe, assez favorable, toute la grandeur d'une pareille entreprise ; en un mot, il a donné à M. Kennicott les justes louanges qu'il méritoit par ses travaux Littéraires : en attaquant enfin les écarts du Docteur Anglois, il en a admiré le savoir, & toujours respecté la personne.

CORRECTIONS.

Pag. 13. ligne derniere, Not. Ecclesiastique, lisez Ecclesiastique. Pag. 16, l. 1. Ovrages, lis. Ouvrages. Même pag. l. 12. Ercivains, lis. Ecrivains. Pag. 19. N. l. 4. engendre, lis. engendré. Pag. 22. l. 6. & pag. 23. l. 23. après Interpretes & attention, mettez un point interrogatif. Pag. 32. l. 17. éclaire, lis. éclairé. Pag. 33. L. 29. serat-il, lis. sera-t-il. Pag. 40. l. 15. & 16. conjectures, lis. conjectures. Même pag. l. 17. il n a fait, lis. qu'au-contraire il n'a fait. Pag. 52. l. 16. Narion, lis. Nation. Pag. 56. l. 2. le le, lis. le. Pag. 57. l. 4. touchant les, lis. au sujet des. Pag. 58. l. 31. & 32. nécessire, lis. nécessaire. Pag 61. l. 30. Traduction, lis. Traduction. Pag. 68. l. 5. Egypriens, lis. Egyptiens.

IMPRIMATUR,

Si videbitur Reverendissimo Patri Sacri Palatii Apostolici Magistro.

F. A. Marcucci Episc. Montalti, Vicesgerens.

IMPRIMATUR.

F. Thomas Augustinus Ricchinius, Ordinis Prædicatorum Magister Sacri Palatii Apostolici.

A Rome, Imprimé par Benoit Francesi.

www.ingramcontent.com/pod-product-compliance
Lightning Source LLC
Chambersburg PA
CBHW070309100426
42743CB00011B/2412